걸작품을 보다 2
MUD AND THE MASTERPIECE

[실전편]

MUD AND THE MASTERPIECE

by John Burke

Copyright © 2013 John Burke
MUD AND THE MASTERPIECE by Baker Books Publishers
P.O. Box 6287, Grand Rapids, MI 49516-6287

Korean translation Copyright © 2015 by Light of the world
192, Siminro, Sujunggu, Sungnam-si, Gyenggi-do, South Korea

걸작품을 보다 2
MUD AND THE MASTERPIECE

[실전편]

존 버크 지음 | 데이비드 여 옮김

세상의빛

헌정사

사랑하는 아내이자 나의 가장 친한 친구 그리고 사역 파트너인 케티에게
이 책을 바칩니다.

케티, 당신은 사람들에게서 하나님의 걸작품을 이끌어 내는 탁월한 은사
를 가지고 있습니다. 그중에서 내가 가장 큰 혜택을 받은 사람입니다!

추천의 글

상처 입은 사람들의 내면에는 하나님의 걸작품이 그 빛을 발하길 기다리고 있다. 이 책은 예수님께서 우리 안에 있는 하나님의 걸작품을 어떻게 회복시키는지 잘 보여주고 있다.

마크 배터슨 _ '올인'의 저자

존 버크 목사는 <걸작품을 보다>를 통해 예수님의 관점을 새롭게 바라보았다. 예수 그리스도의 제자로서 우리가 가져야 살 선교적 관점과 삶의 방식을 재조명해 준다.

마이크 브린 _ 3DM 글로벌 리더

모든 믿는 자들이 존 버크 목사님처럼 하나님을 멀리 떠나 있는 사람들을 사랑하길 간절히 소망한다. 버크 목사님은 이 책을 통해 실패하기 쉬운 선교적 삶을 그리스도 안에서 아주 독특한 측면으로 이끌고 있다. 우리는 잘못된 선교적 삶을 살아갈 수도 있는데, <걸작품을 보다>는 사람들을 예수님의 제자로 삼는 일에 있어서 예수님의 시선이 절대적으로 필요하다는 사실을 우리에게 상기시켜 준다.

에드 스테저 _ 'Subversive Kingdom'의 저자

이 책에는 소망의 열매가 가득 열려있다. 하나님께서는 우리의 삶을 통해 더 많은 일을 행하신다는 것을 잘 보여주는 책이다. 이 책을 통해 당신의 소망이 다시금 일어날 것이다.

도우 스차우프_'I Once was lost'의 공동저자

Contents

서문

예수님과 함께하는 사역

나는 바다에 이는 파도를 좋아한다. 파도에는 신비로운 아름다움과 장엄함이 있기 때문이다. 나는 어려서부터 서핑을 즐겨왔기 때문에 눈으로 볼 수는 없지만 바닷물을 움직이는 어떤 거대하고 놀라운 힘이 있다는 것을 알고 있다. 바다에 이는 파도에 올라타는 서핑은 십 대 청소년을 흥분시키기에 충분한 아주 흥미로운 레저 스포츠 중 하나이다. 그런데 우리는 때때로 파도가 가지고 있는 힘을 과소평가하곤 한다.

하와이로 여행을 가고 싶어 했던 나의 꿈이 이루어졌을 때, 나는 서핑(파도타기)으로 잘 알려진 바닷가에서 내 실력을 평가해 보기로 했다. 첫날, 서핑보드에 엎드려 약 300m 정도를 손으로 저어 앞으로 나아 갔다. 서핑을 하기에 가장 좋은 지점에 가까이 다가가면 갈수록 내가 파도의 규모와 위력을 얼마나 과소평가했는지 몸으로 느낄 수 있었다. 세계적으로 유명한 파도타기 지점에 도착했을 때, 내 머릿속은 온통 '어떻게 살아서 돌아갈 것인가?' 라는 생각으로 가득했다. 나는 거대한 파도의 위력 앞에서 경외심과 두려움을 느끼지 않을 수 없었다. 갑자기 거대한 파도가 연달아 몰아쳤다. 서핑보드는 두 동강이 나버렸고 근처에 있는 암초에 몸을 맡기는 신세가 되고 말았다. 그때는 하나님을 믿지 않고 있던 때였지만 다급한 마음에 하나님께 살려달라는 기도를 했었다.

파도는 엄청난 힘을 가지고 있다. 그렇다면 파도가 가진 그 힘은 어디에서 오는 것일까? 공포감을 불러일으키는 거대한 파도는 사실 작은 물 분자들이 합쳐져서 수없이 많은 회전 운동을 일으킨 결과로 형성되는 것이다. 거대한 파도는 잔잔하게 부는 바닷바람에 의해 만들어지는 잔파도들이 그 위에 쌓이고 쌓여서 만들어지는 것이다. 하나의 물 분자는 멀리 갈 수도 없고 위력도 없지만 하나의 물 분자가 다른 물 분자와 합쳐지면서 그 에너지도 합쳐져 수면 아래에서 이루어지는 회전 운동으로 인해 수많은 물 분자들이 하나가 되어 그 힘과 파괴력이 점점 증가하는 것이다. 바다에 부는 바람이 오래 지속되면 될수록 더 많은 물 분자들이 생성되며, 그 물 분자들이 회전 운동을 통해 합쳐지는 시간이 길면 길수록 파도의 파괴력도 커지는 것이다.

내가 이 이야기를 언급한 이유는 이러한 원리가 우리와 매우 밀접한 관련이 있기 때문이다. 나는 하나님께서 당신을 통해 세상을 뒤흔들 만한 거대한 파도를 이루기 원하신다고 믿는다. 예수님께서는 하나님의 성령을 바람과 같다고 말씀하신 적이 있다. "바람이 임의로 불매 네가 그 소리는 들어도 어디서 와서 어디로 가는지 알지 못하나니 성령으로 난 사람도 다 그러하니라"[요한복음 3:8]. 하나님의 성령은 자원하여 예수님을 따르는 사람들의 마음에 부는 바람과 같다. 만약 우리가 성령의 인도 하심을 따라간다면 일상 속에서 이루어지는 작은 섬김과 믿음의 성장 그리고 협력이라는 물 분자들이 하나의 거대한 파도가 되어 큰 영향을 미치게 될 것이다. 하나님께서는 당신과 당신이 속한 소그룹의 그리스도인 지체들로부터 시작되는 작은 물 분자 효과로 수많은 사람들의 삶을 바꾸게 할 수 있는 분이시다.

삶에서 만나게 되는 사람들을 예수님의 마음으로 대하겠다는 결단이 섰다면 이제 예수님과 함께 임무에 나설 때가 되었다. <걸작품을 보다> 1권에서 예수님을 닮은 태도에 대해 살펴보았다면, 2권에서는 예수님을 닮은 행동에 대해 살펴볼 것이다. 예수님께서는 제자들에게 사람들을 만나고 그들을 회복시키라는 사명을 주어 세상으로 보내셨다. 우리는 교파에 상관없이 현재 출석하고 있는 교회와 연합하여 세상에 영향을 끼칠 수 있는 무엇인가를 시작할 수 있다. 이 일을 위해 지금 당신에게 필요한 것은 교회 안에 있는 크리스천 친구들이다. 지금까지 말해온 원칙들에 동의하며 자원해서 예수님 그리고 다른 동역자들과 함께 임무에 나설 마음이 있는 사람들 말이다.

나는 지금부터 섬김과 성장의 그리스도인 네트워크를 이루어가는 일과 그것을 통하여 예수님의 영향력을 세상에 행사하는 일에 대하여 살펴보려고 한다. 서두에 소개한 바 있는 '영향력 있는 파도'라는 도식이 <걸작품을 보다> 2권의 내용을 구성하고 있는 틀을 이해하는 데 도움을 줄 것이다. 네트워크는 공동의 사명을 가지고 있는 적어도 세 사람으로 이루어진 소그룹에서부터 시작된다. 소그룹이 형성되면 핵심 구성원들이 당신이 가진 비전을 이해하는 것과 어떻게 중점 대상을 위해 기도할 것인가에 대한 논의가 필요하며 당신의 이웃과 직장 동료 또는 하나님께서 당신의 마음에 심어준 그 사람과 탄력 있는 관계를 구축해 나가는 구체적인 방법도 필요하다.

우리는 먼저 예수님이 어떻게 탄력 있는 관계를 형성해 가셨는지에 대해 연구해 볼 것이다. 그분은 잔칫집을 찾아가셨고 도움이 필요한 사람들을 만나셨으며 사람을 수용하고 사랑하는 공동체를 만들어 가셨다. 그러고 나서 70명의 제자를 훈련시키고 파송하시면서 그분이 행했던 일을 그들도 하게 하셨다. 당신은 세계 곳곳에 존재하는 크리스천 네트워크에 대한 이야기를 읽게 될 것이다. 그들은 작은 운동들을 거듭하여 25명에서 70명에 이르는 '영향력 있는 파도'를 이룬 사람들로서 서로 믿음의 관계를 형성하고 있는 자들이며, 소그룹 안에서 성장하고 주변 사람들을 적극적으로 섬기고 있는 사람들이다. 그들 대부분은 개인적인 관계를 통해 처음 예수님을 알게 되었으며, 다른 사람들의 섬김과 희생으로 마침내 그리스도의 제자가 된 자들이다.

포스트 크리스천 사회에서 믿지 않는 사람이 믿음을 갖기 위해서는 세 가지 원칙이 필요하다. 첫째 예수님을 닮은 한 사람과 친구가 되어야 한다. 둘째로는 한 무리의 그리스도인들을 만나야 하며 셋째는 '지금 모습 그대로'를 수용해 주는 배움의 장소가 필요하다.

우리는 예수님이 가지고 있는 '삶의 변화와 성장을 위한 숨은 계획'을 살펴볼 텐데, 그것은 '교회라는 이름'의 이 운동을 이끌 수 있는 성숙하고 준비된 사람들을 육성하는 방안이다. 소수의 사람들에게 시간과 노력을 투자(섬김과 봉사)함으로써 당신은 자신의 삶을 통해 어떻게 사람들에게 영향력을 미칠 수 있는지에 대한 비전을 품게 될 것이다. 이는 예수님께서 하셨던 방식이다.

우리는 끝으로 예배와 양육을 통해 새로운 네트워크를 만들어내는 과정에서 이 '영향력 있는 파도'가 어떻게 촉진되는지에 대하여 살펴볼 것이다. 하나님께서 평범한 사람을 통하여 어떤 일을 하시는지 보는 것은 실로 놀라운 일이 아닐 수 없다. 여기 브라이언과 에이미가 있다. 그들은 여섯 아이를 둔 맞벌이 부부로서 특별한 일이라고는 생각해 보지 않았던 전형적인 평범한 가정이었다. 하지만 하나님께서는 그들을 향한 위대한 계획을 품고 계셨다. 이러한 일에 당신도 예외는 아니다!

Chapter 1

비범한 일을 해내는 평범한 사람들

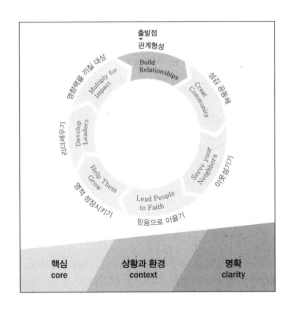

브라이언은 나지막한 소리로 기도했다. 브라이언과 에이미는 자신들이 무엇인가를 해야 한다는 의견에 서로 동의했다. 그들은 출석하고 있던 미주리 교회에서 사역을 시작하기로 마음을 먹었지만 한편으로는 그들의 삶이 사역을 감당하기에 너무 무질서하다는 느낌이 들었고 전문적인 사역자가 담당하는 것이 최선인 것 같다는 생각도 들었다. 물론 교회의 안내 데스크에서 자원봉사를 한다든가 다른 봉사의 방법을 찾을 수 있었지만 진정한 의미에서의 사역을 하고 싶었던 그들은 신학 대학을 나온 학위와 경험이 필요했다. 그 누구도 신학 학위와 경험에 대해 직접적으로 말한 것은 아니었지만 두 사람은 교회 성도들로부터 무언의 메시지를 받는 느낌이 들었다. 그러던 중 그들에게 사역의 기회가 찾아왔다. 수년 전, 그들은 브랜슨 지역의 빈곤층을 위한 추수감사절 저녁 식사 봉사를 신청했었으나 추수감사절이 다가오는데도 식사 준비를 주관할 사역팀이 꾸려지지 않아 참여를 하지 못하고 있었다. 그때 브라이언의 마음에 갑작스럽게 드는 생각이 있었다. 그것은 '네가 저녁 식사를 대접하라'는 것이었다. 이러한 현상은 브라이언이 5년 전 예수님을 믿고 따르기 시작한 이후 의식하기 시작한 성령의 특정한 깨우침이었다.

　　브라이언과 그의 가족은 성령이 주시는 마음에 순종하여 브랜슨 지역의 빈민층 50명에게 칠면조 요리를 저녁으로 제공했다. 하지만 브라이언과 가족은 빈곤 계층이 가지고 있는 어려움을 개인적으로 알게 되기 전까지는 마음에 감추어졌던 복병을 전혀 예측하지 못하고 있었다.

식사를 대접받은 사람들로부터 쏟아지는 감사의 표현들과 아이들에게 먹을 것을 제공하기 위해 가족들이 겪어야 했던 그들의 뼈아픈 기억들은 브라이언과 그의 가족에게는 놀라움 그 자체였다. 이 사람들은 사회로부터 소외된 채 허름한 모텔에서 살고 있었고 브랜슨 지역의 오락 산업에서 계절 직으로 근무하고 있었다.

봉사를 다녀온 그날, 사무실에 돌아온 브라이언은 아내에게 전화를 걸어 더 많은 봉사를 하자고 제안했다. 에이미도 남편의 의견에 전적으로 동의했다. 브라이언 가족은 50명의 사람들을 위한 점심 도시락을 준비해서 그들이 사는 모텔로 배달하는 일을 시작했다. 도시락 배달 봉사를 시작하고 난 후, "너무 감사합니다! 그런데 다른 사람들도 이 도시락이 필요하답니다."라는 말을 수 없이 듣게 되었다. 성령님께서 주신 마음에 순종한 믿음의 행위를 통해 브라이언, 에이미 그리고 딸들은 어느새 한 주에 150개의 점심 도시락을 준비하고 있는 자신을 발견하게 되었다.

브라이언 가족의 봉사와 섬김은 그 사람들의 육적인 필요를 채워주었다. 브라이언은 소외 당한 사람들과 가까이 지내게 되면서부터 하나님이 그의 마음에 무엇인가를 행하고 계시다는 것을 알게 되었다. 그것은 바로 영적 성장이었다. 하나님이 브라이언을 영적으로 성장시키고 있었다. 브라이언 가족의 도시락 봉사 소문이 그 지역 일대로 퍼져 나갔고 더 많은 도시락이 필요하게 되었다. 브라이언과 에이미는 더 많은 봉사자들의 손길이 필요하게 되었고 약 1년 뒤에는 50개로 시작된 점심 도시락이 마치 '오병이어'의 기적처럼 불어나 11,000개의 도시락이 되었다. 사랑과 정성으로 준비된 이 도시락들은 충원된 자원봉사자들에 의해 필요한 사람들에게 배달되었다.

브라이언은 빈곤층 사람들과의 교제가 깊어지게 되었을 때, 대다수의 사람들이 하나님에 대한 진정한 갈망을 가지고 있음에도 교회가 자신들을 정죄할 것이라는 생각 때문에 교회에 나가는 것에 대해 고민하고 있다는 사실을 알게 되었다. 브라이언은 나의 책 'No Perfect People Allowed'(완전한 사람은 이곳에 없습니다)를 읽고 사람들의 육적인 필요뿐만 아니라 영적인 필요도 충족시켜주어야 한다는 비전을 품게 되었다. 그래서 그들과 '탐구적인' 영적 대화를 시작하게 되었다. 짧은 영상을 보여주고 토론하는 형식으로 진행된 모임은 오래지 않아 방이 비좁을 정도로 사람들이 차고 넘쳐 복도에까지 앉게 되었다.

얼마 후, 그들은 게이트웨이 교회의 인터넷 방송 설교를 보기 시작했다. 브라이언과 그의 동역자들은 게이트웨이 교회의 주일 예배 영상이 자신들이 섬기는 사람들에게 믿음을 갖게 하는 최적의 학습 환경, 즉 '있는 모습 그대로 오십시오'를 제공한다는 사실을 깨닫기 시작했다. 데니스 레스토랑의 안쪽 공간은 한 달에 한 번 그 지역의 빈곤층 사람들이 아침 식사를 하기 위해 모이는 장소가 되었고 게이트웨이 교회의 주일 예배 영상이 대형 스크린을 통해 방송되었다. 가랑비에 옷 젖듯 그들의 삶 속에 말씀이 스며들기 시작하면서 영적인 문제에 대해 관심을 보이기 시작했다.

봉사 2년째, 도시락 섬김 사역은 20,000명에게 식사를 제공하는 70명의 봉사팀으로 성장했다. 봉사자 중 한 명인 스콧은 자신의 자전거를 모텔에 거주하는 한 빈민에게 빌려주어 그가 취업 인터뷰에 갈 수 있도록 편의를 제공했다. 그 자전거가 주인의 손에 돌아오기 까지는 더 많은 사람들을 거쳐야 했지만 자신의 자전거가 50마일 이상의 거리를 달리는데 사용되었다는 사실을 알게 된 스콧은 그들을 위한 교통수단의 필요성을 인식하게 되었다. 스콧과 브라이언과 에이미는 지역 교회에 중고 자전거를 기부하도록 요청했고 일주일 만에 30개의 중고 자전거가 기부되어 모텔 거주자들이 돌아가면서 사용할 수 있게 되었다. 그들의 교통수단이 해결된 것이다.

이 모든 일이 진행되는 동안에도 에이미는 자신의 직장인 여행사에서 근무를 계속했으며 브라이언은 휴대폰 대리점을 운영하고 있었다. 그들이 정상적인 직장생활을 했음에도 그들의 사역은 성장에 성장을 거듭했다. 에이미는 지난 시간을 회상하면서 이렇게 말했다. "저는 회사 근무를 파트타임으로 바꾸어야겠다고 생각했어요. 하나님이 주신 기획의 은사로 'Jesus Was Homeless'(예수님도 집 없는 자였다) 사역을 위해 더 많은 시간을 봉사하고 싶었습니다. 직장을 그만 둘 생각은 전혀 없었는데 불경기로 인해 직장에 집단 해고의 바람이 불자 파트타임 근무자가 먼저 그 대상이 되었습니다. 그 일은 하나님께서 저에게 더 봉사하게 하기 위하여 주신 기회였다고 생각합니다."

에이미가 가정에서 자녀들을 돌보면서 'Jesus Was Homeless'(예수님도 집 없는 자였다) 사역을 풀타임으로 섬기게 되자 하나님께서는 또 다른 기적을 보여주셨다. 렌트비가 필요 없는 공간이 주어진 것이다. 그 공간은 자원봉사자들이 네트워크를 이루며 식사를 준비하는 '메인 주방'의 역할을 했으며, 자전거 대여를 하는 사역은 그곳을 '차고'라고 불렀다. 또한 매주 예배를 드릴 수 있는 '거실'과 같은 공간을 제공하여 믿음을 발견하고자 하는 사람들에게 영적인 가정과 같은 역할을 했다. 브라이언과 에이미는 소외되고 잊혀졌던 빈곤층과 함께 교회가 성장하는 것을 목격했다. 그들의 섬김으로 많은 사람들이 믿음을 갖게 되었으며 다른 이들을 섬기는 자리에 서게 되었다. 나아가 그리스도의 진리를 더 깊이 알아갈 수 있는 소그룹으로 연결되었다. 이 모든 일은 진정한 리더이신 예수님을 따르는 믿음의 행동으로부터 시작되었다.

리더 따라가기

부활하신 후 마지막으로 나타나셨을 때, 예수님께서는 평범한 어부와 세리, 전직 창녀 등 다양한 배경을 가진 120명의 제자들에게 권능을 주셨고 그들은 예수님의 권능을 힘입어 놀라운 일들을 행하게 되었다. 예수님께서는 그들에게 다음과 같이 말씀하셨다.

> "예수께서 나아와 말씀하여 이르시되 하늘과 땅의 모든 권세
> 를 내게 주셨으니 그러므로 너희는 가서 모든 민족을 제자로
> 삼아 아버지와 아들과 성령의 이름으로 세례를 베풀고 내가 너
> 희에게 분부한 모든 것을 가르쳐 지키게 하라 볼지어다 내가
> 세상 끝날까지 너희와 항상 함께 있으리라 하시니라"

[마태복음 28:18-20]

예수님께서 이 120명의 제자들이 그들의 세대에 세계 모든 열방과 민족을 돕고 복음을 전하게 될 것이라고 기대하셨을 리는 없다. 예수님께서 의도하신 것은 자신이 본으로 보여주었던 것처럼 제자들도 각각 다른 사람들을 준비시키고 또 그들이 다른 사람들을 준비시킬 것이라는 기대였다. 그리고 여러 세대가 지나서 이제 그 횃불이 당신과 당신의 크리스천 친구들에게 전달되었다.

예수님은 자신이 행하셨던 일을 당신이 할 것이라고 기대하신다. 이 사실을 생각해 본 적이 있는가? 당신은 사람들을 믿음으로 이끌고 세례를 베풂으로써 그들을 제자(예수를 배우고 따르는 자)로 삼을 수 있다. 당신은 다른 사람들을 믿음으로 인도하고 예수님께서 명하신 모든 것을 지키도록 가르칠 수 있다.

예수님은 사람들을 믿음으로 인도하고 그분을 전심으로 따르도록 가르치는 일을 전문가만 하도록 명하지는 않으셨다. 예수님께서는 자신을 따르는 모든 사람들에게 명하여 하나님의 가족 복원 사업에 참여하도록 하셨다. 아마도 당신은 평범하고 불완전한 그리스도인으로서 이 같은 일을 행하는 것이 합당하지 않다고 느낄지도 모른다. 하지만 그것을 명한 분은 당신을 구원하신 구원자, 당신에게 능력을 주시는 분이신 만왕의 왕, 예수님이라는 것을 잊어서는 안 된다.

당신은 이 일을 충분히 감당할 수 있다. 왜인지 아는가? 모든 권세가 예수님에게 주어졌고 그분은 항상 당신과 함께 하시기 때문이다. 따라서 이 일을 행하는 것은 당신이 아니라 당신 안에 계신 예수님이시다. 다시 말해, 이 일은 당신의 능력이 아니라 예수님의 능력으로 이루어진다는 사실을 기억해야 한다. 부활하신 예수님께서 제자들에게 나타나셨을 때, 약속하신 성령에 대하여 말씀하시면서 이렇게 예언하셨다. "오직 성령이 너희에게 임하시면 너희가 권능을 받고 예루살렘과 온 유대와 사마리아와 땅 끝까지 이르러 내 증인이 되리라 하시니라"[사도행전 1:8]. 하나님께서는 2,000년 동안 평범한 사람을 통하여 놀라운 일을 행하셨다. 그 일은 그분의 성령이 우리와 항상 함께 하셨으며 그분의 권능을 우리에게 주셨기 때문에 가능했다.

예수님께서는 당신을 통해 동일한 일을 하기 원하신다. 그런데 한 가지 질문이 있다. '당신은 예수님을 믿고 신뢰하며 당신이 행할 수 없는 일을 그분의 권능으로 이루실 것을 믿는가?'하는 것이다. 그것이 결코 쉬운 일로 여겨지지는 않을 것이다. 하지만 그 일이 가능하다는 것을 믿는 순간 당신의 믿음은 확장되어 갈 것이다. 당신은 하나님과의 친밀함에서 오는 기쁨과 열정을 체험하게 될 것이다. 이것은 추수의 주인이신 하나님과의 동역을 통해서만 얻어지는 것들이다. 당신은 직장을 옮길 필요도 없으며 신학교에 가지 않아도 된다. 또 선교지에 가기 위해 해외로 나가야 하는 것도 아니다. 단지 눈을 들어 예수님이 바라보는 것을 보면 된다.

예수님이 야곱의 우물가에서 만난 여인에게 믿음을 얻게 하고 생수를 맛보도록 돕고 난 직후, 제자들은 점심 식사를 마치고 돌아왔다. 그들의 손에는 예수님께 드릴 빵이 들려져 있었다. "랍비여, 잡수소서" 제자들이 권하자 예수는 "내게는 너희가 알지 못하는 먹을 양식이 있느니라"라고 말씀하셨다 [참조 요한복음 4:31-32].

나는 그리스도인이 성숙을 위하여 잠시 휴식을 할 필요가 있다고 생각한다. 나는 지난 수년간 우리 교회에 왔다가 떠난 그리스도인의 숫자를 보고 놀라움을 금치 못했다. 세상을 변화시키기 위해 교회의 구성원이 되고자 했던 그들은 교회의 시스템에 실망하고 싸움꾼이 되어버렸다. 왜냐하면, 그들은 특별한 양육 방식에 의해 살찌워져서 그들이 선호하는 방식으로 예배하기를 원했기 때문이다. 그들은 자신이 소유한 은사를 가지고 다른 사람들이 믿음을 발견하도록 돕거나, 예수님이 명하신 모든 것을 잘 지키도록 다른 사람들을 가르치는 일에 게을렀다. 이것을 성숙이라고 부를 사람은 없다. 이는 영적인 청년기에 해당하는 미성숙이다.

우리는 말씀을 공부하고 함께 예배를 드려야 한다. 하지만 예수님이 영적 양식을 먹었던 방법을 배우지 않는다면 어느 한 순간(대부분 수년 내에) 당신의 영적 성장은 중단 될 것이다.

> "예수께서 이르시되 나의 양식은 나를 보내신 이의 뜻을 행하며 그의 일을 온전히 이루는 이것이니라 너희는 넉 달이 지나야 추수할 때가 이르겠다 하지 아니하느냐 그러나 나는 너희에게 이르노니 너희 눈을 들어 밭을 보라 희어져 추수하게 되었도다 거두는 자가 이미 삯도 받고 영생에 이르는 열매를 모으나니 이는 뿌리는 자와 거두는 자가 함께 즐거워하게 하려 함이라." [요한복음 4:34-36]

예수님께서 열매를 거두는 사역에 당신을 초대하고 계신다. 이 사역에 대한 상급은 이제까지 당신이 성취해 온 그 어떤 일보다 클 것이다. 왜냐하면, 이 사역은 영원히 지속될 것이기 때문이다. 만약 당신이 이같은 일에 부적합한 사람이라고 느낀다면 이 일이 당신을 압도할지도 모른다. 그러나 그렇게 느끼는 것은 지극히 정상이다. 바로 그런 느낌이

야말로 하나님께서 의도하신 것이기 때문이다. 당신은 하나님을 전적으로 의지할 수밖에 없다. 주님께서 바울에게 말씀하셨던 것도 마찬가지다. "내 은혜가 네게 족하도다 이는 내 능력이 약한 데서 온전하여짐이라"[고린도후서 12:9]. 그래서 바울은 자신의 연약함, 밀려오는 도전, 그리고 박해들로부터 도망치는 대신 오히려 그것들을 통해 주님의 능력을 맛보기 원했다. "이는 내가 약한 그때에 강함이라"[고린도후서 12:10]. 당신도 바울처럼 단순하게 생각하라. 예수님께서 문제를 단순하게 만드셨지 않은가?

십자가 고난을 받으시기 전날, 겟세마네 동산을 향해 걸으시던 예수님은 나뭇가지를 집어 들고 이렇게 말씀하셨다. "이 나뭇가지를 보아라. 가지는 열매를 맺기 위해 고민하고 고생할 필요가 없다. 그저 포도나무에 붙어있기만 하면 된다. 그러면 열매는 자연히 맺히게 되는 것이다. 나는 포도나무요 너희는 가지다. 너희가 내게 붙어있기만 하면 많은 열매를 맺게 될 것이나 나를 떠나서는 아무것도 할 수 없다"[요한복음 15:5, 저자 번역]. 모든 권능은 예수님에게 있다. 그리고 그분은 성령을 통해 우리와 항상 함께 계신다. 우리의 내면에 떠오르는 미세한 음성에 귀 기울이는 방법을 배우기만 한다면 우리는 그분의 킹덤 비즈니스에 참여하게 되며 그 결과로 풍성한 열매를 맺게 되는 것이다. 예수님께서 우리 안에 영적인 생동감을 불러일으킬 것이며, 그것은 우리를 통해 세상에 영향을 끼치는 파도가 될 것이다.

이 모든 일은 당신 혼자 하는 것이 아님을 기억하라. 예수님은 당신을 이끌어 주시는 친절한 안내자이시며 모든 일은 그분에게 속해 있다. 그리고 그분은 당신이 이 일을 할 때 다른 사람들과의 연합하기를 원하신다. 따라서 추수의 하나님께 먼저 기도로 간절히 구할 것은 "주님, 나를 당신이 준비하신 동역자들에게로 인도하소서!"가 되어야 할 것이다.

함께 사역할 핵심 동역자를 세우라

예수님이 처음 열두 제자를 부르시고 그 후에 70명의 제자를 사역지로 보내셨을 때, 그들을 둘씩 짝지어 보내셨음을 알고 있는가? 예수님이 직접 구성한 소그룹은 제자들이 준비의 단계를 지나 사역의 단계로 이동하는 과정을 지원하는 중요한 역할을 했다. 예수님이 부여한 사명의 자리로 나아갈 때 당신과 함께 동역할 세네 명의 다른 그리스도인 동역자를 구하고 찾는 일은 매우 중요하다.

당신은 이들과 함께 초기 단계의 네트워크를 형성하게 되며 이 일에 당신이 가진 다양한 은사들이 유용하게 쓰이게 될 것이다. 당신과 동역자들은 기독교를 알지 못하는 환경(교회 밖)에서 역동적인 기독교 공동체를 이루어 갈 것이고 주변의 사람들을 섬기게 될 것이다. 이와 같은 일은 당신이 어느 특정 교회에 출석하는지 여부와는 상관없이 일어날 것이다. 당신과 동역자들은 세상을 향하여 교회가 되어 가는 것이다. 바로 이

점에 대해 책의 나머지 부분에서 살펴보기 원한다.

혼자서는 이 일을 절대 해낼 수 없다. 당신이 먼저 해야 할 일은 당신이 속한 교회와 공동체에서 기도하면서 대화를 시작하는 것이다. 이 일에 있어 염두에 두어야 할 것이 있다. "우리가 한 몸에 많은 지체를 가졌으나 모든 지체가 같은 기능을 가진 것이 아니니 이와 같이 우리 많은 사람이 그리스도 안에서 한 몸이 되어 서로 지체가 되었느니라 우리에게 주신 은혜대로 받은 은사가 각각 다르니"[로마서 12:4-6]. 하나님께서는 그분의 일을 하시기 위해 당신과 동역자들로 이루어진 몸을 사용하신다. 몸의 머리는 예수 그리스도며 당신과 동역자들은 몸으로서 머리이신 그분의 음성에 귀 기울이며 순종해야 한다. 자, 이제 눈을 들어 망가지고 상처 입은 세상을 향해 긍휼과 비전을 품은 그리스도인들을 찾아보라!

"주님, 우리를 보내소서! 우리에게 어떤 육적이고 영적인 필요가 있는지 알게 하시고 당신이 주신 일을 섬기기 위해 우리가 한 몸으로 연합하게 하소서"라고 모여서 기도하는 소그룹이 당신 주변에 형성되기 시작하는 것을 상상해 보라. 또한, 당신 주변의 사람들을 섬길 때 그 핵심 그룹이 성장하는 것을 상상해 보라. 당신은 모임을 열고 당신의 거주지나 직장 주변의 사람들을 초대하게 될 것이다. 그렇게 함으로써 사람들이 예수님에 대한 믿음을 발견하고 그리스도를 따르게 할 수 있다. 그뿐만 아니라 그들에게 있는 은사를 발견하고 사용하여 궁극적으로는 사랑의 공동체 안에서 그리스도의 지체로서의 기능을 발휘하게 될 것이다.

이 같은 소그룹들이 사람들에게 믿음을 갖게 하고 그리스도를 전심으로 따르는 자리에까지 나아오게 하는 데 도움을 주는 모습을 그려보라. 50명~70명에 이르는 사람들이 하나의 큰 가족을 이루는 모습을 떠올려 보라. 그들 중에는 이미 믿음을 가진 사람, 현재 진행 중인 사람, 아직 믿음이 없는 사람, 그리스도의 동역자로 헌신한 사람들이 포함될 것이며 당신은 예수님이 그들과 함께 세상을 변화시키는 모습을 보게 될 것이다. 한 생명 한 생명씩 말이다. 이 일이 불가능하리라 생각하는가? "하나님으로서는 다 하실 수 있느니라"[마가복음 10:27].

당신이 잠재적인 동역자를 만났을 때, 당신의 비전을 나누고 6주 동안 친밀한 교제를 나누면서 기도의 자리로 초청해야 한다. 기도의 자리는 예수님과 함께 당신과 동역자들이 사역의 현장으로 나아가는 일에 대하여 점검하는 것이다. 이 책의 각 장을 그들과 함께 읽으면서 다음 단계를 논의할 수도 있다. 그러면 당신에게 있는 은사로 당신만이 할 수 있는 일이 무엇인지 발견하게 될 것이다.

당신의 은사가 무엇인지 알고 있는가? "형제들아 신령한 것에 대하여 나는 너희가 알지 못하기를 원하지 아니하노니"[고린도전서 12:1].

하나님께서는 우리에게 주어진 은사에 대하여 우리가 무지한 채로 있기를 원치 않으신다. 그런데 문제는 우리 가운데 일부는 자신의 은사가 무엇인지 모르고 있다는 것이다. 우리는 서로의 은사가 무엇인지 찾아내어 사용할 필요가 있다. 영적인 은사 측정을 해보고 각자에게 주신 독특한 은사가 무엇인지 또 각자의 경험(긍정적인 경험뿐 아니라 부정적인 경험도 하나님의 손에 쥐어지면 회복을 일으키는 도구가 된다)과 열정을 느끼는 일에 대하여 대화해 보라. 세상 문화로부터 건강한 네트워크를 이끌어내기 위해서는 몇 가지 역할에 은사를 배정할 필요가 있다.

첫째, 네트워크 리더의 위치인데 리더십의 소유자로서 사도적인 자질을 가지고 새 일을 행하는 마치 영적인 기업가와도 같은 존재이다. 당신은 핵심 동역자들과 함께 사역을 일으키는 일에 촉매와 같은 역할을 할 수도 있을 것이다. 어쩌면 당신은 장기적인 관점에서 네트워크를 이끌기 위한 최적의 은사 소유자는 아닐 수 있다. 비즈니스 현장에서 리더십을 발휘하여 정상에 오르는 사람이 가지고 있는 특질이 필요하다. 일의 전망이 어떻게 진행될 것인지를 내다 볼 수 있는 기업가적인 시야를 가지고 팀이 하나로 연합되도록 이끄는 조직적인 리더십을 소유한 사람을 만날 수 있도록 기도하라. 20명~50명의 사람들에게 방향을 제시하고 유쾌한 사역 환경을 창출해 낼 수 있는 그런 사람말이다. 장기적인 관점에서 네트워크 리더의 역할은 팀의 비전을 항상 새롭게 유지하고 소그룹 핵심 구성원들에게 동기를 부여하는 사람이다. 그럼으로써 핵심 구성원들은 네트워크의 모든 그리스도인 구성원들을 연결하고 섬김을 통해 그들이 가진 은사를 활용하도록 동기를 부여하는 역할을 하게 된다.

3명~12명 정도의 사람들을 소그룹으로 연결한 후, 그들을 그리스도의 제자로 준비시키며 궁극적으로는 다른 사람들을 영적으로 육성하는 일에 참여시키고자 한다면, 이제부터는 소그룹 리더가 중요한 역할을 하게 된다. 목양의 은사가 있는 사람들이나 가르치는 은사가 있는 사람들 혹은 행정(조직적인 능력)이나 리더십의 은사가 있는 사람들이 이 역할에 적합한 사람들이다. 물론 이 외에 다른 은사들의 중복도 이 일을 잘 감당할 수 있을 것이다. 소그룹 리더는 각 팀원이 서로 연결되어 영적으로 잘 성장하도록 도와야 한다. 그리하여 네트워크가 확산됨에 따라 팀원들 각자가 또 다른 사람들을 연결하고 개발하는 일을 하는 그리스도의 제자들로 세워지게 된다. 이것은 증식의 법칙에 따라 진행될 것이다.

또한, 당신은 부(副)리더의 자리를 채울 사람이 필요하게 될 것이다. 네트워크는 예수님의 몸 된 교회가 세상에서 영적이고도 육적인 필요를 섬기는 것처럼 부리더 역시 새로운 구성원이 그들의 은사를 발견하고 적합한 봉사의 영역에 배치되도록 안내하는 역할과 네트워크 구성원들이 섬김의 자리에 잘 나아가도록 격려하고 독려하는 일을 하게 된다. 이 자리에 적합한 사람들은 자비의 은사를 가진 사람들(주변에 있는 사람과 압제 받는 사람들을 위하여 열정적으로 정의를 추구하는 사람)과 복음 전도의 은사를 가진 사람들(하나님에게서 멀어진 사람들에게 사랑과 섬김을 전하고 하나님의 은혜를 전하기 갈망하는 사람), 혹은 행정의 은사를 가진 사람들(사람들이 자신의 은사를 찾도록 돕고 봉사 사역을 잘 조직할 수 있는 사람으로서 행정 능력을 갖춘 사람)이다.

네트워크가 성장할수록 다른 역할들도 필요하게 될 것이다. 예배를 인도하는 사람, 새로운 구성원들을 환영하고 그들을 자리로 인도하는 안내자의 역할을 하는 사람, 네트워크 내부의 소통을 원활하게 하고 사람들을 서로 연결하는 일을 하는 사람들이다. 네트워크 리더, 소그룹 리더 및 부리더는 핵심 동역자를 형성하는 최소한의 조건이다. 만약 당신이 이 역할들에 해당하지 않는다면 주님께서 그와 같은 사람을 보내어 그 자리를 채우시도록 기도해야 한다.

중요한 것은 이 핵심 그룹이 그들의 역할과 임무를 수행하기 위한 은사가 있어야 한다는 것과 영적인 성품도 가지고 있어야 한다는 사실이다. 바울이 디모데에게 준 지침, 즉 교회를 세울 때 염두 해야 할 직분자들의 영적 성품 말이다[디모데전서 3장]. 영적인 자질에 대한 요약은 본 장의 끝에 요약되어 있다.

상황과 환경을 살피라

그렉과 그의 아내 헬렌은 호주의 오지에서 밤하늘을 올려다보며 하나님의 장엄 하심을 느끼고 있었다. 이웃 사람들은 이 부부와의 생생한 대화를 통해 마치 성령께서 자신들의 삶에 불을 지핀 것 같은 느낌을 받았다. 그렉은 이 그룹이 형성되기까지 자신이 체험했던 하나님의 기적적인 방법을 회상해 보았다. 그렉은 딸이 전해준 'Soul Revolution'(

영혼의 혁명)을 읽은 후 60일 동안 그리스도 안에 거하는 실험을 했다. 하나님께서 그렉에게 다음과 같은 생각을 주셨다. '너의 이웃을 초대하여 게이트웨이 교회의 인터넷 예배를 보여주고 대화하도록 하라'는 것이었다.

처음에 그렉은 "나는 돼지 농장의 주인이지 목사가 아니야!"라고 생각했다. 그러나 그는 호주 남부의 대규모 농장지대에 거주하는 자신의 이웃들이 교회나 어떤 기독교 공동체에 참여할 기회가 없다는 사실을 깨닫게 되었고 그렉은 주님이 주신 마음에 반응하게 되었다. 10여 가구 되는 이웃들이 수 개월간 지속적인 만남을 가지게 되었고 이전에 경험해 보지 못했던 방식으로 영적인 성장을 이루게 되었다. 그날의 설교 메시지는 사람들에게 하나님께서 그들 앞에 두신 세상을 바라보고 다음과 같이 물으라는 것이었다. "주님, 무엇을 보십니까? 무엇을 이루기 원하십니까? 우리가 해야 할 일은 무엇입니까?"

인터넷 예배를 드리고 난 후, 그들은 주변 사람들이 필요로 하는 것이 무엇인지 논의하기 시작했다. 그렉은 교도소에 관한 이야기를 하며 그가 어떻게 재소자들을 방문하여 'Soul Revolution'(영혼의 혁명)을 전달했는지에 대해 말했다. 다른 누군가는 "나는 문제 있는 아이들을 위한 캠프를 내 농장에서 시작하면 좋겠다는 생각을 줄곧 했는데 그 일을 시작할 만한 자신이 없었습니다."라고 말했다. 그렉은 교도소 수감자들의 자녀들이 어떠한 것을 필요로 하는지 자세히 언급했다.

"나에게는 사륜구동 지프차가 있고 내 농장에는 아이들이 좋아할 만한 온갖 물건들이 있습니다." 다른 사람이 말했다.

"수감자의 아내들을 위해 무엇을 할 수 있을까요?" 한 여성이 질문했다.

그때부터 그렉과 헬렌은 그 지역의 농장주들과 함께 전과자를 고용하여 일을 주고 새로운 인생을 시작할 수 있는 영적인 토대를 제공할 수 있는 시스템을 정착시켰다. 하나님은 호주의 농장주들을 사용하셔서 그 지역 안에 있는 수감자들과 그 가족들의 삶을 변화시키기 시작했다. 이 모든 일은 그들의 주변에서 하나님이 무엇을 보고 계시며 어떤 일을 하기 원하시는가 물었던 사람들의 기도로부터 시작되었다.

당신이 적어도 세 사람의 핵심 동역자로 이루어진 그룹을 형성했다면 당신 주변의 상황과 환경을 살피는 일을 시작해야 한다. 성경 주석은 전통적인 방법으로 성경 본문을 탐구하고 연구하는 것으로써 본문의 역사적 배경을 살피고 여러 가지 심층적인 질문을 통해 오늘날의 성도들에게 적용되는 중요한 의미를 알아가는 것을 말한다. 포스트 크리스천 사회를 사는 우리 그리스도인은 주변의 삶의 환경과 문화를 성경 본문으로 해석할 필요가 있다.

하나님께서는 목적을 두고 당신을 이 세상 가운데 두셨다. 당신이 있는 그곳에서 기도로 땅 밟기를 시작하라. 예수님께서 주신 The

Great Commission(대사명)을 문자적으로는 "네가 가는 곳마다……제자로 삼으라"라고 번역할 수 있다. 다르게 표현하자면, '하나님은 목적과 이유를 가지고 당신을 그곳에 두셨다'라고 말할 수 있다. 오늘 하루, 당신이 일하는 곳과 당신의 이웃이 사는 곳에 하나님이 바라보고 계시는 '필요'와 '기회'들에 대하여 보여주시도록 간절히 구해야 한다. 오늘날 당신 주변의 '과부와 고아와 나그네'가 누구인지 보여달라고 기도하라. 소외되고 박해받는 그들이야말로 하나님께서 성도들의 손을 통해 보살피기 원하시는 사람들이기 때문이다.

몇 주간 동안 당신의 동역자들과 함께 하나님께서 보고 계시는 것을 볼 수 있는 눈을 달라고 기도해 보라. 그리고 당신이 관찰한 것과 기회와 필요들, 당신 주변에서 고통받고 있는 사람들에 대해 기록해 보라. 그리고 함께 모여서 하나님이 보여주신 것들을 토론해 보라.

나는 일요일 오후에는 축구를 한다. 늦은 오후가 되면 다양한 나라에서 이주해 온 사람들이 운동을 하기 위해 나온다. 나는 축구장으로 향하는 길에서 공원을 걷거나 운동하는 많은 인도인들과 아시아인들을 목격하게 되었다. 그리고 축구 경기를 함께하는 사람 중 많은 이들이 그 부근에 거주하고 있다는 사실을 새로이 알게 되었다. 우리는 마침 그 지역에서 네트워크를 막 시작했던 터라 리더들에게 그들도 내가 주목해서 본 것을 보고 있는지 물었다. 그들 중 몇 리더는 이미 그 지역 사람들과 관계를 형성해 가고 있다고 말했다.

그 리더들은 많은 수의 Indian Dell 근로자들이 해당 지역에 거주하고 있으며, Dell은 인도의 방갈로래 지역에서 최대의 고용주라는 사실을 알려 주었다. 또한, 미국에 거주하는 대부분의 외국인이 미국인 가정에 초대되는 일은 거의 없으며 많은 이들이 소외되고 외로움을 느낀다는 사실도 알려 주었다. 이 같은 사실을 알게 된 산드라는 여성들이 서로의 문화를 알아가고 외국에 거주하면서 겪는 어려움을 함께 도울 수 있는 '국제여성클럽'을 만들었다. 이 일로 인해 세계의 다른 종교를 가지고 있는 사람들과의 영적인 대화를 할 좋은 기회가 열리게 되었다. 이 일이 가능했던 것은 산드라가 예수님의 관점을 통해 사람들의 필요를 보고 그들의 필요를 충족시키려는 시도를 시작했기 때문이다.

비전을 명확하게 하라

당신이 '추수할 익은 곡식'을 바라본다면 이제 당신과 핵심 그룹은 비전을 명확하게 할 수 있다. 핵심 구성원들에게 "하나님께서는 누구를 섬기기 원하시는가?"라는 질문을 해보라. 당신의 이웃일 수도 있고 특정한 그룹의 사람들일 수도 있다. 혹은 도심의 20대 미혼모들이거나 이민자들일 수도 있을 것이다. 당신의 마음에 주신 사람들과 어떻게 연결되어 그들을 섬길 수 있을 것인가? 그 방법을 강구하라.

그리스도의 제자들이 저지르는 최대의 실수가 있다. 그들은 하나님으로부터 떠나 있는 사람들을 돕고 섬기는 일에 열심을 내지만 그 사람들과 진정한 관계를 형성하지 않는다는 것이다. 사람들을 섬기면서도 그들이 예수님의 제자가 되는 것을 보지 못하게 되는 가능성은 얼마든지 있다. 많은 경우에 그와 같은 일은 우리가 탄력 있는 관계를 형성하는 데 실패했기 때문이다.

QUESTIONS AND ACTIONS

1. 묵상 포인트

만약 당신이 전심으로 하나님께 반응한다면, 하나님께서 당신과 몇몇 사람을 통해 하시고자 하는 일이 무엇이라고 생각하는가? 그 일은 당신을 두렵게 하는가 아니면 열정적으로 만드는가? 그 이유는 무엇이라고 생각하는가?

2. 실천 포인트

당신과 함께 동역할 잠재적인 핵심 구성원 두세 사람을 놓고 기도하기 시작하라. 그리고 그 첫 단계로서 당신과 함께 이 책을 읽고 토론하는 일에 초대해 보라.

Chapter 2

추동력 있는 관계 형성

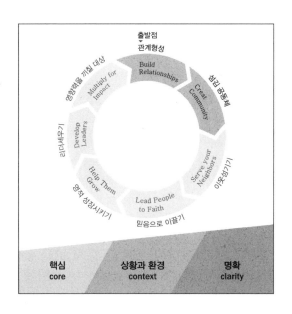

출발점
▼관계형성

Multiply for Impact

영향력을 끼칠 대상

Build Relationships

Creat Community

관계 공동체

Develop Leaders

리더세우기

Serve your Neighbors

이웃섬기기

Help Them Grow

영적 성장시키기

Lead People to Faith

믿음으로 이끌기

| 핵심
core | 상황과 환경
context | 명확
clarity |

샤나가 차가운 마르가리타를 한 잔 더 따르는 동안 도나는 들고 있던 맥주를 비우고 또 한 병을 집어 들었다. "우리 부부는 길거리에서 어떤 한 부부를 만났는데 정말 좋은 사람들이더라. 친절하고 착하다는 면에서 보자면 조금은 특별해 보이기까지 했으니까. 그들은 우리 부부를 자신들이 다니는 교회에 초대하면서 '있는 모습 그대로 오십시오'라는 슬로건을 삶으로 행하는 교회라고 했어. 그래서 남편과 함께 그 교회를 나가 볼 생각이야." 도나는 같은 동네에 사는 친구인 샤나에게 지난 주 자신에게 있었던 일을 이야기했다.

"샤나는 내가 그 교회에 같이 나가자고 할까 봐 '나를 끌어들일 생각은 하지 마!'라고 하더군요." 샤나와 그녀의 남편 팀은 태어나서 지금까지 교회에 가 본 적이 두 번뿐이었다. 그것도 결혼식에 참석하느라 간 것이었다. 그들은 크리스천들과의 불쾌한 경험으로 인해 교회에 대해 좋지 않은 감정을 가지고 있었다.

"그들은 단지 파티를 한다고 했어. 그 사람들을 만나보면 너의 생각이 달라질 거야. 정말 괜찮은 사람들이거든. 같이 가자고 등 떠밀지는 않을게. 새로운 친구를 만든다는 것은 좋은 거잖아. 그런 취지에서 말한 거야." 도나가 샤나에게 말했다.

스티브와 조안이 교회에서 주최하는 파티 장소에 도착했을 때, 샤나와 팀도 그곳에 와 있었다. 사실 스티브와 팀은 산악자전거를 즐기는 공통점을 가지고 있었는데, 그날 저녁 두 사람은 산악자전거를 타면서 겪었던 경험을 나누면서 서로 친해지게 되었다. 그날 이후 그들은 정기적으로 산악자전거를 함께 타며 친밀한 사이가 되었고 스티브와 조안, 샤나와 팀, 도나와 라이언 이 세 부부는 가끔 저녁 식사를 함께하는 관계로 발전해 갔다.

도나와 라이언은 정기적으로 락힐 교회에 출석하면서 교회 성도들이 사람들을 섬기는 것을 보며 교회라는 공동체에 매료되었다. 락힐 교회는 전형적인 예배 형식을 벗어 던지고 매월 첫째 주일 예배는 '섬기는 것을 우선으로 하는 주일'로 정했다. 짧게 정리된 예배를 드린 성도들은 도움이 필요한 사람들을 찾아가 그들을 섬기는 일에 정성을 쏟는다. 얼마 지나지 않아 팀과 샤나 부부도 도나와 라이언 그리고 스티브와 조안이 참여하고 있는 섬김의 자리에 나오게 되었다. 그들은 도심의 빈민 지역에서 파티를 여는 일에 동참했는데 몇 개월 후 도나와 라이언은 스티브가 리더로 있는 소그룹 모임에 참여하게 되었다.

그 사이 팀과 샤나는 교회 성도들과 더 친밀한 관계를 맺으며 스티브와 조안 그리고 그들이 만난 다른 그리스도인들도 자신들처럼 삶에서 어려움을 겪는 평범한 사람들이라는 것을 알게 되었다. 팀과 샤나가 평범한 삶을 살아가는 그들에게 매료된 것은 그들이 삶에서 보이는 희생과 섬김이었다. 그때까지만 해도 팀과 샤나는 교회에 참석해야 한다는 영적인 갈망은 전혀 없었다. 그러나 가치 있는 일을 하는 락힐 교회 성도들과 좋은 관계를 이어가고 싶은 마음은 여전히 남아 있었다. 몇 개월이 지난 어느 날, 스티브는 팀과 산악자전거를 함께 타고 난 후 라이언과 도나가 참석하는 소그룹이 어떤지 한 번 와서 보라고 권했다. 팀은 잠시 머뭇거리더니 다음 모임에 참석하겠다고 대답했다.

팀과 샤나가 소그룹 모임에 처음 왔을 때 그들은 무척이나 긴장한 모습이었다. 후에 팀은 자신이 마치 심슨 애니메이션에 나오는 네드 플랜더스(심슨 만화에 나오는 독실한 기독교인으로 목사님에게 전화를 걸어 모든 일을 상의하고 자식들에게는 해로운 것을 가까이하지 못하게 하며 아주 착해서 심슨에게 매일 당하고만 사는 캐릭터)처럼 '예수님에게 올인하는사람'이 될까 걱정했다고 말했다. 그러나 팀과 샤나 부부는 그러한 걱정과 두려움을 극복해 나갔다.

스티브는 다음과 같이 회상했다. "처음으로 소그룹 모임에 참석한 샤나는 하나님을 아버지로 여기는 것을 인정하기 어렵다고 했습니다. 그녀는 어머니가 원나잇 스탠드(사랑없이 나누는 성관계)로 인해 갖게 된 아이였고, 어린 시절 부모로부터 학대를 당하며 자라왔기 때문이었습니다. 팀의 아버지는 2년 전 거듭난 그리스도인이 되었지만, 자신의 삶에 어떠한 것도 상관하지 말라는 아버지의 말은 큰 상처와 쓴 뿌리가 되었습니다. 우리는 팀과 샤나가 한 말에 대해 어떠한 의견도 내놓지 않고 그들의 말에 관심을 가지고 귀를 기울였습니다."

모임을 마치고 돌아오는 길에 팀은 아내 샤나에게 말했다. "저 사람들은 우리에게 예수를 믿으라는 말이나 어떠한 간접적인 강요도 하지 않는군요. 그들이 예수를 믿으라고 강요하지만 않는다면 계속 그 모임에 참석할 수 있을 것 같아요."

팀과 샤나는 스티브가 이끄는 소그룹 모임에 참석할 뿐만 아니라 교회도 계속 나오면서 하나님에 대해 더 많이 알아가고 있다. 그들이 성경을 처음으로 읽기까지 그리고 그리스도인 친구들을 만들기까지는 몇 개월의 시간이 걸렸지만 처음 빈민 지역을 섬기는 일에 참여하고 난 후 1년 2개월 지나 팀과 샤나는 스스로 예수 그리스도를 따르는 제자가 되었다.

팀은 다음과 같이 회상했다. "우리 부부가 새로운 친구들로부터 받은 사랑과 섬김은 우리 아이가 아파서 병원에 입원했을 때 스티브가 병원까지 직접 찾아온 때처럼 우리를 어리둥절하게 만들었습니다. 내가 정기적으로 만나 온 그리스도인 친구들은 내가 믿음에 이르는데 지대한 영향을 미쳤습니다. 내가 부정적인 목소리를 내거나 예수님 믿는 것을 꺼리는 기색을 비쳐도 그들은 나를 판단하거나 이상한 눈으로 쳐다보지 않았습니다."

팀은 자신의 친구들을 소그룹 모임에 데려왔고 샤나도 자신의 어머니를 교회에 모시고 온다. 그들은 아직 믿음의 단계에까지 이르지 못했지만 믿음을 찾아가는 여정 가운데 있다. 그리고 교회의 한 일원이 되어 매 주일 사람들에게 커피를 제공하는 사역에 동참하고 있다.

포스트 크리스천 사회

팀과 샤나는 포스트 크리스천 사회와 다원주의 사회에서 어떻게 사람들이 믿음에 이르게 되는지를 보여주는 좋은 본보기이다. 사람들을 믿음에 이르게 하기 위해서는 한 사람의 그리스도인만으로는 역부족이다. 이 일은 성경 지식과 하나님의 말씀으로 잘 훈련된 사람들의 공동체, 즉 그리스도인 문화가 잘 형성되어 있는 소그룹 공동체에 안에서만 가능하며 무엇보다도 사람들이 예수 그리스도를 따를 것인가 따르지 않을 것인가를 결정하는 데 있어 중요한 역할을 하는 '은혜'라는 중심 주제를 명확하게 할 필요가 있다. 오늘날의 포스트 크리스천 사회에서 사람들이 믿음을 찾고 교회의 한 일원이 되기 위해서는 다음의 세 가지 요소가 필요하다.

첫 번째, 예수님과 같은 삶을 살아가는 사람과의 친분: 귀 기울여주고, 배려하고, 섬기고, 열린 마음으로 믿음에 관한 이야기를 나눌 수 있는 사람과의 친분(이들은 사람들에게 예수를 믿으라고 직접 말하지 않는다).

두 번째, 네 명 또는 다섯 명 정도의 크리스천으로 구성된 소그룹 모임: 야외 활동이나 봉사 활동을 같이 나갈 수 있는 모임으로 사람들이 진정한 소속감을 느끼도록 하는 소그룹.

세 번째, '있는 모습 그대로 오십시오'라는 학습환경과 분위기의 조성: 사람들은 일반적으로 예수님에 대해 알아가는데 6개월~18개월 정도의 시간이 필요하다. 이 기간에 부담 없이 예수 그리스도를 알아 갈 수 있는 환경은 필수적이다.

하나님에게서 멀리 떨어져 있는 사람들이 이 세 가지 요소를 접하게 되면 하나님의 사랑과 은혜를 경험하고 발견하게 되며 그들의 친구, 친척, 가족 등 주변에 있는 사람들을 하나님께로 인도하는 일이 일어나게 된다. 당신은 그들이 예수 그리스도의 제자가 되어 같은 방법으로 다른 사람들을 하나님께로 인도하는 것을 보게 될 것이다. 그러나 우리가 먼저 해야만 하는 일이 있다. 그것은 사람들과 추동력 있는 관계를 형성하는 것이다.

유럽, 캐나다, 호주, 남아프리카, 미국, 남아메리카 등 기독교가 뿌리내린 많은 나라에서 포스트 크리스천들은 사람들이 믿음을 갖는 데에 장벽이 되고 있다. 이 장벽을 넘기 위해서는 관계와 학습환경이 절대적으로 필요하다. 대부분의 포스트 크리스천들은 자신들을 크리스천이라고 말하면서도 성경이 말하는 진리나 생명을 내어 주신 예수님에 대해서는 잘 알지 못한다. 이러한 포스트 크리스천이 만연한 환경 속에서 기독교에 대한 각성이 일어나지만, 이는 자발적인 각성이 아닌 크리스천에 대한 편견이나 대중매체의 부정적인 시선에서 기인하는 것이라 할 수 있다. 솔직히 말해, 죽어가는 교회가 남긴 정형화된 부정적인 이미지를 극복하는 것보다 각성 없는 기독교 문화가 오히려 더 빠르게 진행될지도 모른다.

포스트 크리스천 사회에 사는 사람들을 예수 그리스도의 제자로 만들기 위해서는 많은 크리스천이 삶에서 겪는 자신들의 여러 문제를 솔직하게 나누어야 하며 동시에 성령 충만한 삶의 열매와 소망을 보여 주어야만 한다. 예수님을 믿지 않는 사람들이 어떠한 역경도 겪지 않고 모든 삶에 대한 해답과 모든 문제에 대해 신속한 해결책을 제시할 수 있는 것처럼 행동하는 크리스천을 만나게 될 때, 그들의 모습에서 바리새인적인 가식을 보게 될 것이며 그들이 지닌 믿음을 갖길 원하지 않을 것이다. 삶의 역경 가운데에서도 사랑을 베풀려고 노력하는 사람들, 실패와 좌절로 인해 격려가 필요한 사람들, 삶 가운데 여러 유혹이 있지만 흔들리지 않고 기도와 도움을 요청하는 사람들, 사랑의 영적 공동체 안에서 성령님과 끊임없는 교제를 하고자 하는 사람들, 이러한 사람들을 보는 것이 세상이 원하고 갈망하는 것이다. 이들이 믿지 않는 사람들과 추동력 있는 관계를 형성해 할 때, 그들 안에 예수 그리스도를 알고 싶고 따르고 싶은 마음이 생겨난다. 그렇다면 생긴 지 얼마 안 된 크리스천 소그룹이 어떻게 추동력 있는 관계를 형성해 갈 수 있는가?

서 있는 그곳에서 관계 쌓기

예수님께서 우리에게 주신 지상 대명령은 '모든 민족을 제자 삼으라'는 것이다. 이는 먼저 사람들이 진정한 정체성을 찾도록 돕는 것을 말하는데, 아버지와 아들과 성령으로 믿음에 이르게 하고 세례를 베풀어 주님께서 분부한 모든 것을 가르쳐 지키게 하는 것을 의미한다[마태복음 28:19-20]. 마태복음 28장 19절 말씀에 '가서'라는 말은 당신이 어디에 있든지, 지금 당신이 그곳에 있는 것은 다 이유가 있다는 것을 의미한다. 당신은 여러 이유로 인해 직장이 마음에 들지 않을 수도 있고, 처한 환경과 씨름을 하고 있을 수도 있다. 그러나 "주님, 내 주위의 사람 중에 누구를 당신께로 이끌기 원하십니까? 내가 어떻게 그들을 사랑하고 섬길 수 있습니까?"라고 묻고 기도하기 시작한다면 당신의 생각과 마음과 상황이 변하게 될 것이다.

대부분의 크리스천은 적어도 4명, 많게는 10명 정도의 믿지 않는 사람들 또는 예전에 교회에 다녔지만 더는 나오지 않는 사람들과 교류를 한다. 예수 그리스도의 지상 대명령을 위임받은 소그룹 모임의 일원으로서 하나님께서 당신의 삶 가운데 두신 사람들의 이름을 적고 그들을 위해 기도를 시작해 보라. 스티브는 자신의 삶에 대해 다음과 같이 말한다. "조안과 나는 우리 동네에 사는 사람들을 자식처럼 품으려는 마음으로 살고 있습니다. 우리의 목표는 이웃 사람들에 대해 알아가는 것이고 그들에게 관심을 가지고 기도하며 삶을 함께 살아가는 것입니다. 그리고 기회가 찾아 왔을 때, 그들에게 예수님을 전하는 것입니다."

샌디에이고에 사는 매트는 중요한 사회학적 원리들에 관한 책을 읽은 후, '모든 사람은 편안함을 느낄 수 있는 곳에서 그 사람들과 친분을 쌓길 원하고 그 무리의 한 일원이 되길 갈망한다'라는 결론을 얻었다. 그는 이를 '냉장고 권리'라고 불렀다. 예를 들어, 당신이 이웃집에 갔을 때 냉장고에서 음료수를 꺼내 마시는 것이 편안하고 아주 자연스러워야 하며 그 이웃도 당신의 집에 왔을 때 냉장고를 열어 음료수를 꺼내 마시는 일이 아주 자연스럽고 편안해야 하는 그런 관계 말이다. 만약 당신의 이웃을 부엌으로 초대하는 일이 발생하지 않는다면 또는 당신이 그들의 부엌에 가는 일이 일어나지 않는다면 그들과의 관계는 더 깊어지지 않고 표면에서만 머무는 수준이 될 것이다. 이제 당신의 이웃을 부엌 안으로까지 초대해서 모든 사람이 바라는 그런 관계를 경험하고 쌓아가도록 시도해 보라.

매트가 다니는 교회의 성도들과 교류를 하는 제이와 잰은 '이웃 사람들을 만납시다'라는 주제로 자신들이 사는 콘도의 수영장에서 파티를 열었다. 많은 사람이 파티에 왔고 비록 깊이 있는 이야기를 나누지는 않았지만 서로의 얼굴을 익히는 좋은 시간이었다. 며칠 후, 제이는 파티에 왔었던 에밀리와 마크를 우연히 만났는데 짧은 대화를 나눈 뒤 그들을 저녁 식사에 초대했다. 마크는 기독교를 적대시하던 불가지론자였는데, 후에 제이에게 다음과 같은 말을 했다. "만약 당신이 교회와 연관된 파티에 나를 초대했다거나 또는 그 파티가 교회가 주축이 된 것이었다면 나는 그 모임에 가지 않았을 겁니다. 물론, 저녁 식사 초대에도 응하지 않았겠죠."

그러나 제이와 잰은 마크와 에밀리를 단순히 친분을 쌓기 위한 목적으로 저녁 식사에 초대했다. 그리고 그들과의 관계가 돈독해지고 서로의 신뢰가 쌓였을 때 소그룹 모임의 크리스천 친구들을 소개해 주었다. 에밀리는 크리스천이었지만 마크와 연애하면서부터 하나님과 멀어지기 시작했고 결혼 후에는 하나님을 완전히 떠나게 되었다. 제이와 잰은 자신들의 집을 마크와 에밀리에게 개방하고 한 차원 더 높은 신뢰를 쌓아가면서 자신이 속해 있는 소그룹이 어떠한 모임인지 마크가 알아갈 수 있도록 했다. 추동력 있는 관계가 그들 안에 형성되고 있었다.

에밀리는 점차 믿음이 성장하기 시작했고 마크 역시 마음을 열고 믿음을 찾는 여정에 발걸음을 내딛기 시작했다. "우리는 지금까지 이와 같은 관계와 교제를 가져본 적이 없습니다. 그들은 나를 헐뜯거나 자존감을 꺾기 보다는 관심을 가지고 우리의 얘기를 들어주며 진정한 사랑과 신뢰의 관계를 쌓아가는 사람들입니다." 에밀리가 거리에서 만난 알렉스와 카렌에게 제이가 자신들에게 대했던 방식으로 교제를 이어나가면서 '냉장고 권리'라는 교제 방법이 확산되기 시작했다. 그리고 수영장 파티는 소외된 이웃 사이에 관계 형성을 촉발하는 기폭제가 되었다. 알렉스와 카렌의 가족들은 각각 뉴질랜드와 프에르토리코에 살고 있어서 사람들과 가족처럼 친하게 지내고 싶은 갈망을 늘 가지고 있었다.

에밀리와 마크는 교회 성도들과 일반적인 관계를 넘어 사랑의 관계를 경험하고 쌓아왔기 때문에 알렉스와 카렌이 교회를 다니지 않거나 예수님을 따르는 사람들이 아니라 할지라도 그들을 초대해 교회 모임에 참석하게 하는 것이 좋을 것 같다는 생각을 했다. 알렉스와 카렌이 교회에 처음 온 날, 매트는 '냉장고 권리'에 대해 이야기를 했다. 그리고 그날 저녁 알렉스와 카렌은 마크와 에밀리의 집에 초대되어 저녁 식사를 함께 했다. 그들은 '냉장고 권리'가 주는 메시지로 인해 깊은 감동을 받았다고 하면서 마음을 열어 자신들이 겪고 있는 문제들을 나누기 시작했고 사람들과 '냉장고 권리'와 같은 관계를 갖고 싶은 열망이 그들 안에 있었다고 했다.

당신이 속해 있는 소그룹이 신뢰와 관심을 쏟는 관계를 형성해 감에 있어 하나님과의 관계가 끊어진 사람들에게 어떻게 '냉장고 권리'와 같은 편안한 신뢰의 관계를 줄 수 있는지에 대해 생각해 보라. 이것을 시작으로 당신의 삶에 추동력 있는 관계가 형성되기 시작하는 것을 볼 수 있을 것이다. '냉장고 권리'라는 관계 형성 방식은 깊은 나눔의 관계로까지 발전할 수 있다. 이는 당신의 사적인 공간에, 당신의 진정한 삶에, 심지어 당신이 삶에서 겪는 어려움까지도 드러낼 수 있는 장소에 누군가를 초대할 수 있는가 하는 당신의 의지에 관한 것이기도 하다.

'냉장고 권리'라는 관계를 형성한다고 해서 모두가 믿음을 갖게 되는 것은 아니다. 알렉스와 카렌은 교회에 나오기 시작하면서 소그룹 모임에 참석하기까지 했지만, 근본적인 결혼생활의 문제로 인해 믿음을 갖기 직전 이혼을 하고 말았다. 곡식만이 아니라 가라지도 함께 자라도록 할 때 추동력 있는 관계가 형성된다. 즉, 믿음에 이르지 못할 것 같은 사람이라도 지속적으로 관계를 맺어 가야한다는 뜻이다. 추수할 때가 이르면 하나님께서 곡식과 가리지를 정리하실 것이다[마태복음 13:24-30].

예수님께서는 사람들을 초대해 삶을 나누고 자신이 어떻게 지내는지 와서 보게 함으로써 사람들과 추동력 있는 관계를 만들어 가셨다. 안드레는 예수님과 하루를 보낸 뒤 그의 형제인 시몬 베드로를 예수님께로 데리고 갔다. 이튿날, 예수님이 갈릴리로 나가려 하시다가 빌립을 만나 '나를 따르라'라고 말씀하셨는데, 이 말을 들은 빌립은 의심 많은 자신의 친구인 나다나엘에게 예수님에 관해 얘기하며 같이 가서 예수님을 보자고 했다. 빌립이 나다나엘을 예수님께로 초청할 때에 예수님께서 '와서 보라'라고 말씀하신 것을 그대로 반영한 것이다[요한복음 1:35-46].

잘 할 수 있는 것으로

하나님과의 관계가 끊어진 사람과 관계를 형성하는 가장 좋은 방법은 교회 밖에서 그들과 함께 시간을 보내는 것이다. 나는 축구를 좋아하고 즐긴다. 어려서부터 지금까지 축구를 해오고 있었기에 내 주위에 있는 사람들을 어떤 방법으로 섬기고 관계를 형성해 갈까 하는 생각을 하게 되었을 때, 아내와 함께 아들이 속해 있는 축구팀의 코치를 해야겠다는 결심을 하게 되었다. 어느 날, 동네에 사는 한 아이가 내가 맡고 있는 유소년 축구팀에 들어왔다. 우리 부부는 그 아이의 부모인 신디, 제프와 친구가 되었고 경기장 밖에서도 많은 시간을 함께 보내게 되었다. 그들과 좋은 관계를 이어나간 지 몇 개월이 지나 신디와 제프 가족은 우리 교회에 다니기 시작했고 얼마 후에는 소그룹 모임에도 참석하게 되었다. 소그룹 안에서 이루어지는 영적인 깊은 나눔은 그들이 예수님을 향한 믿음을 갖게 하였다.

신디는 아이들의 축구 연습이 있을 때마다 다른 부모들에게 우리 교회에 대한 자랑을 침이 마르도록 했다. 특히, 캐시에게는 교회에 나오라는 권면의 말을 하기도 했다. 캐시는 교회에 나오지는 않았지만 알코올 중독과 조급증으로 힘들어 했기 때문에 인터넷으로 예배를 청취하기 시작했고 결국에는 우리에게 도움을 요청했다. 그후 몇 년 동안, 캐시와 알레한드로의 가족이 꾸준히 교회에 나오기 시작했고 예수님을 구주로 영접하는 믿음을 갖게 되었다. 또한, 신디는 산드라와 그레이 가족을 우리에게 소개해 주었는데 그들은 회사 일 때문에 영국에서 미국으로 이주해 온 가정으로 아들에게 축구를 시키고 싶어 했다. 나는 그레이의 아들이 축구팀에 들어오는 것을 반겼고 우리는 친구가 되었다. 처음에 산드라와 그레이는 예수님에 대해 듣는 것을 꺼렸지만 몇몇 문제들과 어려움을 겪게 되자 우리에게 도움의 손길을 요청해 왔다. 몇 개월 동안 나는 그들과 깊은 대화의 시간을 가졌고 마침내 산드라는 마음의 문을 열고 복음을 받아들였다. 그들이 영국으로 돌아가기 전, 나는 그레이와 예수님에 대해 심도 있는 대화를 나누었다.

데이비드와 트리나는 라이언이라는 아이의 부모이다. 라이언은 여덟 살 때부터 열두 살 때까지 내가 코치로 있는 축구팀에 있었는데 아빠인 데이비드는 농담도 잘하고 사교성이 있는 사람이었다. 그는 또한 파티를 즐기는 파티 마니아였는데 상스러운 말을 하고 다소 예의가 없긴 했지만 굉장히 재미있는 사람인 것만은 분명했다. 그는 첨단 기술회사에서 판매를 담당하는 경영진으로 일할 정도로 경제적인 면에서는 엄청난 성공을 거둔 사람이었다. 캐시와 알레한드로, 신디와 제프 그리고 우리 교회에 나오기 시작한 다른 한 부부도 데이비드, 트리나 부부와 친구가 되었다.

어느 날, 나는 데이비드에게 신앙생활을 한 적이 있는지, 있다면 그의 신앙 상태가 어떤지 물어보았다. 그는 자신이 유럽에서 자랐으며 청년 때에 체계화된 교회에서 신앙생활을 했었는데 그곳에서 끔찍한 경험을 했다고 말했다. 그는 크고 아름답고 멋지게 지어진 교회가 길 건너편에 있는데도 불구하고 거지들이 굶주린다는 사실에 대해 뭔가 크게 잘못되었다고 느꼈고 교회가 위선적이라는 생각을 지울 수가 없었다고 했다. 나는 그의 말에 동의할 수밖에 없었다. 그러나 하나님께서는 모든 가난한 사람들의 역경을 돌보시며, 사람들이 다른 이들을 섬기는 것으로 그분께 사랑을 표현하길 바라신다는 말을 전했다.

축구팀의 몇몇 부모들이 이미 크리스천들의 섬김을 경험하고 그들과 관계를 형성함으로써 하나님을 믿는 믿음에 이르렀는데 그들은 데이비드에게 자신들이 다니는 교회가 어떠한 모습으로 예배를 드리고 사람들을 섬기는지 이야기해 주었다. 그리고 얼마 지나지 않아 데이비드와 트리나 가족은 그들의 끊임없는 섬김을 경험하고 교회를 나오기 시작했다. 유소년 축구팀의 부모들이 나누는 대화의 주제가 자녀들에 대한 이야기뿐만 아니라 주일 설교와 하나님 그리고 종교까지 점점 더 확대되어 갔다. 데이비드는 가족과 함께 예수님이 어떠한 분이시고 어떤 길을 가셨는지 배워가고 있고 하나님의 선하심에 대한 영적인 눈이 뜨이기 시작했다.

한 해가 저물어갈 무렵, 데이비드와 트리나는 유소년 축구팀의 부모들을 집으로 초대해 연말 파티를 열었다. 나는 그가 냉장고에서 맥주캔을 꺼내는 것을 보았는데 자신이 맥주 광이라고 거리낌 없이 말했다.

나는 데이비드에게 물었다. "데이비드, 당신은 하나님에 대해 얼마나 알고 있나요?" 그가 대답했다. "제가 하나님을 믿고 있는 것은 확실한 것 같습니다. 하지만 예수님에 대해서는 확신이 안 갑니다." 나는 데이비드에게 아침 식사를 같이하면서 예수님에 대해 더 이야기하자고 했고 그는 나의 제안을 흔쾌히 수락했다. 그와 약속한 아침 식사 자리에서 그에게 예수님을 알아가는 데 걸림돌이 되는 것이 무엇인지 물어보았다. 그는 나에게 예수님을 '좋은 선생' 그 이상의 존재로 믿는 것이 도저히 이해가 되지 않는다고 말했다. 나는 데이비드에게 "하나님께서는 당신이 그분과 그리고 다른 사람들과 사랑의 관계를 맺게 하려고 당신을 지으셨습니다."라고 말해 주었다. 이어 예수님께서는 하나님의 성품을 우리에게 보여주시기 위해 우리가 이해하기 쉬운 인간의 모습으로 오셨으며 십자가에서 우리의 죗값을 담당하시고 하나님께 되돌아갈 수 있는 길을 여셨으며 이로 인해 우리는 용서받게 되었다고 설명해 주었다. 나는 데이비드에게 성경을 읽으면서 마음을 열어 하나님을 보여 달라는 기도를 하라고 권면했다.

1년 후, 그가 미국 전 지역의 판매를 총괄하는 매니저로 승진해 뉴저지로 가게 되었다는 소식을 전해 들은 나는 데이비드와 마지막 점심을 하기로 했다. 점심을 같이하면서 나는 다음과 같이 질문했다. "데이비드, 당신의 믿음과 신앙에 관한 이야기를 한지가 꽤 오래되었군요. 예수님에 대한 믿음이 어디까지 와 있는지 궁금합니다?" 생각하지 못했던 그의 대답에 나는 입을 다물 수가 없었다. "예수님을 믿고 있습니다." 데이비드가 대답했다.

"예수님을 믿고 있다고요?"

"네, 예수님을 믿고 있습니다. 우리가 마지막으로 만났던 날, 당신이 한 말을 진지하게 생각해 보았습니다. 그리고 당신이 얘기한 '영적 혁명'(그리스도인들이 60일간 60분에 한 번씩 하나님과 교제를 나누면 어떤 일이 일어나는지를 알아보기 위한 훈련 프로젝트)을 삶에 적용하면서부터 하나님께서 아주 오랫동안 나에게 관심을 가지고 계셨다는 것을 깨닫기 시작했습니다. 내가 가지고 있는 재능, 직업, 가족 그리고 모든 축복은 하나님께서 주신 것임에도 나는 그 사실을 깨닫지 못하고 있었습니다. 물론 하나님께 감사하는 마음도 없었죠. 이 모든 것을 깨닫게 되자 감사하는 마음이 속에서부터 일어나기 시작했고 트리나와 나는 마치 약속이나 한 것처럼 동시에 술을 끊기로 결단하게 되었습니다. 그리고 어느 순간 삶의 문제들에 대한 해답을 얻게 되었습니다."

"예수님을 하나님의 아들로 믿는다는 뜻인가요?"

"네, 그렇습니다."

"그렇다면 하나님께서 하신 일들이 당신에게도 적용되기를 원한다는 기도, 다시 말해 하나님께 용서를 구하는 것과 그분이 당신의 삶을 이끄시길 원한다는 기도를 했다는 말인가요?"

"네, 그렇게 기도를 했습니다. 그리고 제가 뉴저지로 떠나기 전에 한 가지 해야 할 일이 있음을 깨달았습니다. 그것은 바로 세례를 받는 것입니다. 제 아내와 함께 받고 싶은데 그녀가 세례받을 준비가 되어 있는지는 잘 모르겠습니다."

다음 달, 나는 내 인생에서 가장 중요한 사건 중 하나인 데이비드 가족의 세례를 주관했다. 그날은 데이비드와 트리나 그리고 아들 라이언과 막내 딸까지 모두 예수님을 따르는 제자로서의 삶을 살아가기로 결단하는 날이었다.

유소년 축구팀의 코치를 10년 동안 담당하면서 20명이 넘는 부부와 그들의 자녀들이 예수 그리스도를 따르는 결단을 했다. 그들은 지금도 우리 교회의 성도로서 섬김의 자리에서 십자가의 길을 걷고 있다. 이웃 사람들, 직장동료 또는 여가를 같이 즐기는 동호회 사람들과 추동력 있는 관계를 형성하는 방법과 길을 찾아보라. 그리고 당신이 몸담고 있는 교회의 그리스도인 동역자들과 사랑의 공동체를 형성하여 믿지 않는 사람들을 초대하고, 그들이 경험해 보지 못한 사랑과 섬김과 헌신을 경험할 수 있도록 자리를 마련해 보라. 그들은 당신의 모습에서 예수님을 발견하게 될 것이다.

일터에서 일하시는 하나님

우리는 우리의 일을 하면서 하나님 아버지의 일에 참여할 수 있다. 예수님이 베데스다 연못가에서 병자를 고치자 바리새인들은 안식일을 범했다고 고발하려 했다. 이에 예수님께서는 다음과 같이 말씀하셨다. "내 아버지께서 이제까지 일하시니 나도 일한다 하시매... 내가 진실로 진실로 너희에게 이르노니 아들이 아버지께서 하시는 일을 보지 않고는 아무것도 스스로 할 수 없나니 아버지께서 행하시는 그것을 아들도 그와 같이 행하느니라"[요한복음 5:17, 19]. 이와 마찬가지로 우리도 하나님 아버지께서 하시는 일이 무엇인지 깨닫고 그 일을 해야만 한다.

바울은 루스드라에서 우상을 섬기는 사람들을 향해 그들이 잘못 이해하고 행하는 것이 무엇인지 그리고 하나님이 어떠한 분이시고 어떻게 일하시는지 설명해 주었다. "(하나님께서는)여러분에게 하늘로부터 비를 내리시며 결실기를 주시는 선한 일을 하사 음식과 기쁨으로 여러분의 마음에 만족하게 하셨느니라"[사도행전 14:17]. 다시 말해, 하나님께서는 이미 그들과 함께 계셨으며 그곳에서 그분의 일을 하고 계셨다는 것을 의미한다. 그들이 아직 하나님을 창조주로 인정하지 않고 있었음에도 그들에게 재능을 주시고 마음에 기쁨이 넘치게 하셨으며 하나님께로 가까이 이끄는 일을 지속적으로 해오셨던 것이다. 우리가 일터에서(그곳이 직장이든 교회이든 상관없다) 우리의 일을 해 나갈 때, 하나님과 동역하기 위하여 그분이 일하시는 것을 보려고 하는가?

파울라는 무신론자였는데 우리 교회에 나오면서 믿음을 갖게 되었다. 그녀는 아버지로부터 받은 큰 상처가 있었다. 파울라의 아버지가 딸에게 관심을 갖는 때는 그녀에게 술을 마시게 하는 시간뿐이었다. 그리고 파울라가 술에 취하면 성추행을 일삼곤 했다. 그녀는 십 대 시절 아버지로부터 받은 상처와 아픔을 달래기 위해 술을 의존하기 시작했다.

그녀는 우리를 용서하시고 새 삶을 살아갈 기회를 주시며 하나님의 뜻을 성취하는 일에 우리의 의지를 드릴 때, 우리 스스로 헤쳐나갈 수도, 할 수도 없는 일들을 능히 감당하게 할 만큼 우리를 사랑하시는 전지전능하신 하나님을 신뢰함으로 알코올 중독에서 벗어나게 되었다. 파울라는 내가 이끄는 소그룹 모임에 참석하여 자신이 경험한 치유의 기적은 하나님께서 예수 그리스도를 통해 하신 일이며, 어떠한 신도 이와 같은 능력을 행할 수 없음을 고백하는 간증을 나누었다. 그녀는 점점 믿음이 성장해 갔고 예수 그리스도를 따르는 제자의 길을 걷기 시작했다.

파울라는 집에서 아이들을 대상으로 한 발달치료를 하고 있다. 파울라의 고객 중에 루크라는 네 살 된 소년이 있는데 그 아이는 태어날 때부터 합병증을 가지고 있었다. 죽을 고비도 여러 차례 넘겼다고 했다. 몸 상태가 좋지 않은 루크는 지속적인 치료가 필요했다. 루크의 엄마인 쉘리는 루크의 치료를 위해 몇 년 동안 파울라의 집을 방문하게 되었고 그들은 자연스럽게 친구가 되었다. 어느 날, 쉘리는 그녀가 겪고 있는 문제들을 파울라에게 이야기했다.

"요즘 루크가 많이 걱정됩니다. 언제부턴가 아들이 이상한 꿈을 꾸고 상상 속의 생각들을 이야기하는데, 도대체 그러한 것들이 어디로부터 오는 것인지 모르겠습니다."

"루크가 어떤 꿈을 꾸나요?" 파울라가 물었다.

"잠 잘 시간이 되면 루크를 침대에 누이고 이불을 덮어줍니다. 그

때마다 예수님과 놀던 곳에 다시 가서 놀고 싶다고 말을 합니다. 그래서 좀 더 자세히 물어봤는데 루크가 병원에 입원해 있었을 당시 예수님이 와서 자기를 데리고 어디론가 가서 재미있게 뛰어놀았다고 했습니다. 그곳은 아름다운 풀밭이 넓게 펼쳐진 곳이라고 했습니다. 아시다시피 제 남편인 앤드류는 의사입니다. 그는 루크가 단순히 환각 증세를 보이는 것이라고 생각합니다. 하지만 저는 루크가 어디서 예수님에 대한 이야기를 들었는지 모르겠습니다. 우리는 교회에 가 본 적도 없고 예수님에 관해 이야기를 해 본 적도 없습니다. 게다가 텔레비전에서 예수님에 관해 나오는 프로그램을 시청한 적도 없습니다. 도대체 어떻게 예수님을 알게 된 걸까요?"

하나님은 보이지 않게 일하시는 분이라는 것을 깨닫게 된다면 어린 루크의 생사를 넘나드는 체험을 통해 쉘리의 가족을 그분께로 이끄시고 계심을 알 수 있다. 파울라는 자신의 삶에 빛이 되신 예수님에 대해 경험하고 배운 것들을 쉘리에게 들려주었다. 하나님께서는 파울라와 쉘리의 대화를 통해 쉘리와 앤드류가 믿음으로 가는 여정의 발걸음을 내딛게 하셨다. 그들은 우리 교회를 다니기 시작했고 1년 후, 예수님에 대해 더 많이 배우고 알게 되면서 예수님을 구주로 영접하고 제자의 삶을 따르기로 결단하게 되었다.

당신이 함께 일하는 직장 동료나 당신 가까이에 사는 사람 또는 당신이 일상에서 만나는 사람들의 삶 가운데 이미 일하시고 계시는 하나님을 의식할 수 있는가? 당신의 삶을 하나님께 집중하고 그분이 하시는 일에 동참하길 바란다. 그리고 그들을 당신이 속해 있는 사랑의 공동체로 안으로 초대해 보라.

사랑의 공동체 세우기

나는 실내에서 경기하는 조기 축구팀에 소속되어 있다. 이곳에서 많은 사람과 좋은 관계를 형성하고 있는데, 바로 축구라는 운동이 그 통로의 역할을 해 주었다. 그러나 축구팀에 들어간 지 얼마 안 되어 사람들 사이에 관계 규범이 있다는 것을 알게 되었다. 관계 규범이 삶과 영적인 문제에 대한 깊은 대화를 금하지 않는다면 굳이 믿음이라는 주제를 가지고 대화하지 않더라도 구성원들과의 친분은 꽤 오랫동안 지속될 수 있다. 하지만 관계 규범은 드러나지는 않지만 이러한 것들을 제한하기도 한다. 이러한 눈에 보이지 않는 장벽을 뛰어넘기 위해 크리스천은 믿지 않은 사람들을 초대할 수 있는 사랑의 공동체를 세워야 한다. 진정한 의미의 추동력 있는 관계가 형성되기 위해서는 당신의 크리스천 친구들이 그들(믿지 않는 친구들)의 친구가 될 때 가능하게 된다.

당신은 이러한 관계를 예수님과 그분의 친구(제자)들에게서 볼 수 있다. 예수님과 제자들은 결혼 잔치에 초대되어 갈 때도, 사람들이 저녁 식사에 초대할 때에도, 잔치나 사람들이 모여 있는 곳에 갈 때에도 항상 함께 다녔다. 마태가 예수님을 위해 잔치를 베풀었을 때도 제자들은 함께 갔다. 그래서 죄 많은 마태의 친구들이 예수님과 제자들을 만날 수 있었다.

종교 지도자들은 예수님과 제자들에게 먹기를 탐하고 세리와 죄인들과 어울리는 자들이라고 비방했다. 우리는 과연 죄로 얼룩진 사람들과 어울리고 함께 식사하는 자리로까지 나아갈 수 있는가? 하나님께서 주신 재능과 은사가 잘못 사용되고 있는 곳에 빛과 생명을 가지고 갈 수 있는가? 당신의 믿음 있는 행동은 하나님과 끊어진 관계를 회복시키고 그들에게 새로운 삶을 가져다줄 것이다. 이 일을 하기 위해서 우리는 그들이 머물고 있는 세상에서 하나님의 나라에 속해 있는 사랑의 공동체 안으로 초대해야 한다.

당신은 다양한 방법으로 이 일을 해낼 수 있다. 먼저 믿음의 동역자들과 함께 소그룹을 만들어야 한다. <걸작품을 보다> 1권에서 보았듯이, 이 방법은 관계적으로나 영적으로 매우 효과적인 방법이다. 그러나 사람들이 믿음을 발견할 수 있는 여건과 환경이 소그룹 안에 잘 조성되어 있어야만 한다.

사랑의 공동체를 만들어 가는 과정에서 필요한 것이 있다. 그것은 바로 파티(식탁 교제)이다. 이는 크리스천 동역자들과 사랑의 공동체 네트워크를 형성해 가면서 서로를 격려하고 의지를 북돋워 주기 위한 것이다. 이러한 파티가 자연스러워지면 믿지 않는 친구들을 소그룹 모임으로 초대하기 쉬워지며 그들은 교제를 통해 당신의 크리스천 동역자들을 알아가게 될 것이다. 제이가 열었던 수영장 파티, 저녁 식사 또는 함께 스포츠 경기를 관람하는 것도 좋은 예라 할 수 있겠다. 다시 말하지만, 사람들은 당신이 속해 있는 소그룹의 크리스천 동역자들을 잘 알게 되고 좋아하게 되기 전까지는 믿음을 갖기 어려울 뿐만 아니라 교회에 나오기도 어렵다는 사실을 알아야 한다.

테레사와 그레그는 같은 동네에 사는 세 부부와 함께 이웃을 섬기는 선교 공동체 모임을 만들었다. 그들이 이웃을 위해 무엇을 해야 할지 기도하기 시작했을 때, 파티를 여는 방법을 생각하게 되었다. 어떤 파티를 열지 의견을 나누는 중에 한 부부가 자신들의 생각을 내놓았다. "저는 매 주일 오후에 미식 축구를 시청합니다. 저희 집에는 대형 텔레비전이 있고 꽤 많은 사람이 앉을 수 있습니다. 저희 집을 개방할 테니 주일 예배 후에 미식축구를 시청하면 어떨까요?

그레그와 나는 같은 조기 축구회 회원이다. 그는 축구 회원 친구들을 자신의 집으로 초대해 미식축구를 시청하기 시작했고 그들은 크리스천 동역자들과 자연스럽게 친구가 되었다. 믿지 않는 사람들이 다수의 크리스천과 친밀한 관계를 형성하는 것은 그들이 소그룹이나 교회 행사에 초대되어 갔을 때 편안하고 안전한 느낌을 받을 수 있는 환경을 만든다. 왜냐하면 그들은 '이 사람들도 나의 친구이다'라는 생각을 하게 되기 때문이다.

어떤 이들은 '공원에서 함께하는 엄마들'이란 네트워킹 파티 (meetups)를 만들었다. 어린 자녀들을 둔 게이트웨이 교회의 엄마들이 주축이 되어 매주 공원에서 파티를 열고 믿지 않는 다른 엄마들을 초대하는 모임이다. 그들은 육체적으로 정신적으로 힘든 시기를 지나고 있는 엄마들에게 어떻게 그 시기를 이겨내고 성장할 수 있는지 서로를 격려하고 응원하면서 추동력 있는 관계를 형성해 간다. 그 파티에서는 영적인 대화들이 무르익는데 이후 사람들을 소그룹 모임으로 초대할 때 어떠한 반감도 갖지 않게 된다. 그들은 크리스천들을 자신들의 친구라고 여기기 때문이다.

네트워크의 시초가 되는 소그룹 형성 단계에서 모든 구성원은 믿지 않는 사람들이 믿음을 찾아갈 수 있도록 마음을 열어 그들을 이해하고 격려해 주어야 한다. 다수의 소그룹이 형성된 후, 구성원이 점점 늘어나고 교제가 활발히 이루어지는 어느 시점이 되면 더 깊은 단계로 나아가기 위해 소그룹들을 해체해야 한다. 그러나 몇몇 소그룹은 그대로 놔두어 아직 깊은 단계로 가기에는 이른 구성원을 머물게 해야 한다.

초기의 소그룹은 질문, 의문과 의심, 갈등 또는 죄에 대한 논쟁이 거론되는 것을 허용해야 하며 이 문제에 대해 섣부른 답변이나 판단 또는 사람들을 변화시키려 하거나 문제를 해결하려 해서는 안 된다. 가능한 한 일반 사람들이 잘 모르는 기독교 용어들을 사용하지 말고 당신이 믿고 경험한 것들 그리고 성경이 말하는 것들을 마음을 담아 진실하게 말해야 한다. 당신이 그들을 존중하고 존귀하게 여기기만 하면 나머지 일들을 하나님께서 친히 이끄시는 것을 보게 될 것이다. 다음은 추동력 있는 관계가 어떻게 레이를 믿음의 단계로 이끌었는지를 잘 보여준다.

나는 진리를 찾기 위해 힌두교의 명상센터와 유니티 교회 그리고 뉴에이지와 관련된 교회를 찾아다녔었습니다. 하지만 그들이 주장하는 것들은 모호하게만 느껴졌습니다. 게이트 웨이 교회를 나오게 되었을 때, 지금까지와는 다른 곳이라는 생각이 들었습니다. 말하자면 참 크리스천들만 있는 교회인 것 같았습니다. 나를 이곳으로 인도한 분이 하나님이라면 예수님에 대해 이해할 만한 뭔가가 있어야 한다고 느꼈습니다. 나의 내면에서는 여전히 이성적으로 이해되지 않는 것들을 거부하고 있었습니다. 나는 다른 종교를 멀리하는 배타적인 사람이 되고 싶지 않았고 성경 말씀을 인용해서 사람들에게 말하고 싶지도 않았습니다. 그리고 하나님을 믿지 않는 사람들이 잘못되었다는 생각을 하고 싶은 마음도, 게이트웨이 교회 사람들처럼 되고 싶은 마음도 없었습니다. 그들은 단지 마음씨 좋은 친구들일 뿐이라고 생각했습니다. 예수라는 사람에 대해 얘기를 한다면, 그는 여러 선생 중 한 명일 뿐이지 그 이상은 아니었습니다. 내가 예수라는 사람을 게이트웨이 교회의 교인들이 말하는 것처럼 말하고 다닌다면 바보라는 꼬리표를 달게 될지도 모른다고 생각했습니다.

나는 서로에게 관심을 갖고 격려하며 사랑하는 사람들이 모이는 공동체를 찾고 있었는데 게이트웨이 교회가 바로 내가 찾고 있던 공동체라는 느낌이 들었습니다. 그래서 교회에 발을 들인지 한 달 정도쯤 되었을 때에 어린 아이들을 둔 엄마들의 모임에 나가기 시작했습니다. 나는 모임에 나가긴 했지만 다소 적대적인 태도로 사람들을 대했습니다. 논란이 많은 쟁점을 가지고 그 사람들을 공격하듯 대할 때마다 그들은 항상 따뜻하고 온화한 모습으로 대해 주었습니다. 나에게 아낌없고 끊임없는 격려와 응원을 해 준 그 모임의 리더는 정말 겸손한 사람인 것 같았습니다. 그녀는 나를 항상 친한 친구처럼 환대해 주었고 내가 한 말에 대해 성경적 관점에서 진실된 마음으로 설명하면서도 내가 바라보는 관점을 이해하려고 노력했습니다.

성경에 대해 내가 아는 것이라고는 이 모임에서 들은 것이 전부였지만, 성경은 그저 신화를 적은 책이라는 나의 생각에 변화가 찾아오기 시작했습니다. 어느 날, 아들을 유모차에 태우고 산책을 하면서 다음과 같이 기도하게 되었습니다. "하나님, 나에게 일어나는 변화가 정말 예수님 때문이고 예수님에 관한 것이라면 30일 동안 예수님에게 집중하겠습니다. 그리고 내가 예수님에게 집중하는 것이 하나님이 원하시는 것이라면 나를 인도하시고 보호해 주십시오." 나는 난생처음으로 성경을 읽기 시작했습니다. 성경을 읽으면서 나는 성령님의 인도 하심을 확신할 수 있었습니다. 왜냐하면, 성경 말씀이 온전히 이해될 뿐만 아니라 말씀을 사모하는 마음이 불일 듯 일어났기 때문입니다. 나는 예수님에 대해 알고 싶은 갈망 때문에 매일 밤 성경을 읽었습니다. 그리고 확신을 얻고자 작정한 30일 말고도 30일을 더 예수님께 집중했습니다. 내가 예수님께 집중하는 동안 주일 예배에서는 '메시아의 예언'이라는 주제의 말씀이 몇 주간에 걸쳐 선포되었습니다. 그 말씀들은 지식적으로 받아들이기 힘들었던 부분들을 해결해준 열쇠가 되었습니다. 얼마 후, 세례를 받기 위해 거쳐야 하는 성경공부 시간에 예수 그리스도를 통해 주신 하나님의 은혜가 마음 깊은 곳에서부터 이해되기 시작했습니다. 그래서 저는 예수님께서 나의 마음과 삶에 들어와 주시길 기도했습니다.

믿지 않는 사람들이 믿음에 이르기까지는 시간이 필요하며 우리에게는 그 시간을 기다려 줄 인내가 필요하다. 그들이 아직 믿음이 없고 비판적인 생각을 하고 있다 할지라도 추동력 있는 관계를 형성해 가야 하며 믿음의 여정을 할 수 있는 사랑의 공동체에 속해 있어야 한다. 믿음을 갖기 전에 공동체에 속하는 것이 잘못된 것이라고 여겨진다면 예수님께서 유다를 소그룹(열두 제자)의 일원으로 받아들였다는 것을 기억하여야 할 것이다. 유다는 예수님을 믿지 않았지만, 예수님은 그에게 재정 담당하는 일을 맡기셨다. 소그룹에 속해 있는 사람들을 격려하고 믿지 않는 사람이라 할지라도 당신이 속한 소그룹을 섬기게 하는 일은 매우 중요하다.

QUESTIONS AND ACTIONS

1. 묵상 포인트

당신은 사랑의 공동체를 함께 만들어 갈 수 있는 크리스천 동역자들이 있는가? 그들과 소그룹을 이루고 있는가? 만약 그렇지 않다면 그들과 함께 사랑의 공동체를 이루길 권한다.

2. 실천 포인트

크리스천 동역자들과 사랑의 공동체를 만들거나 소속되어 있다면 그들과 날짜를 정해 믿지 않는 친구나 직장 동료를 집으로 초대해 보라. 진실된 마음으로 그 사람과 추동력 있는 관계를 만들어 가기 시작하라.

예수님의 사역에 동참하는 우리의 자세
On mission with Jesus

Chapter 3

이웃과 함께 이웃을 섬기다

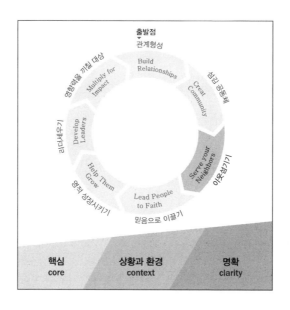

리베카는 상처와 아픔을 치유하는 사랑의 공동체의 능력을 경험했다. 공동체 사람들은 그녀가 도움이 필요할 때마다 섬김과 도움의 손길을 아낌없이 주었다. 리베카는 소그룹 일원이 되어 믿음이 성장해 갔고 자연스럽게 그들이 하는 일에 동참하게 되었다. 그녀가 속해 있는 네트워크는 라운드락(Round Rock) 지역에서 급성장하고 있었는데, 그곳에서 하나님이 주신 비전을 품게 되었다.

리베카가 속해 있는 네트워크에는 약 30명 정도의 사람들이 있는데 어떤 사람들은 소그룹에 속해 있는가 하면 어떤 이들은 소그룹에 소속되지 않은 채 믿음을 찾아가는 여정 가운데 있다. 그러나 구성원들 모두가 선한 영향력을 끼치기 위해 서로 연합하여 일하고 있다. 그리스도의 제자로 헌신한 핵심 구성원(소그룹 리더)들은 매달 정기적으로 모여 예배를 드리고 말씀을 묵상하며 그들이 경험한 일들을 나누면서 사람들을 섬길 새로운 방법과 길을 모색한다.

네트워크 구성원들이 그 지역의 초등학교 교장 선생님에게 학교를 위해 자신들이 섬길 수 있는 일이 있는지 물었을 때, 교장 선생님은 진심을 담아 감사를 표하며 무료로 점심 급식을 받는 40명의 아이들이 주말에는 충분한 식사를 할 수 없는 처지에 있다는 말을 전했다. 교장 선생님의 말을 전해 들은 네트워크 구성원들은 매주 음식이 가득 든 40개의 가방을 준비해서 그 아이들의 가정을 섬기기 시작했다. 그들은 자신들이 사는 지역에서 누군가를 섬길 기회가 생기면 또 다른 사역팀을 발족함으로써 사람들의 필요에 즉각 부응했다.

리베카는 예수님의 눈을 통해 사람들이 필요로 하는 것이 무엇인지 보기 시작했다. 그녀는 예수님의 눈으로 세상과 사람들을 바라보았을 때, 힘겹게만 느껴졌던 사역이 목적과 목표가 뚜렷해지는 사역으로 변화되는 것을 경험했다. "제니퍼는 제 옆자리에서 일하는 동료입니다. 그녀는 아름다운 하나님의 걸작품이지만 자신을 누르고 있는 죄의 무게 때문에 힘겨워하고 있었습니다. 저는 그녀를 도와주어야겠다는 마음이 들었습니다. 그래서 그녀의 이야기를 들어 주고 점심 식사를 같이 했습니다. 그녀가 관심 있어 하는 것들에 대해 반응하고 대응하려고 노력하면서 그녀가 영적으로 어떠한 삶을 살아가고 있는지 살펴보았습니다." 레베카가 말했다.

"2주 동안 그녀에게 관심을 갖고 그녀의 말을 들어 주고 난 후, 나는 그녀에게 교회에 함께 가자는 말을 건넸습니다. 그러나 제니퍼는 단칼에 나의 제안을 거절했습니다. 내가 왜 그런 사람들과 어울려야 하냐며 교회 다니는 사람들을 좋게 보지 않았습니다. 제니퍼는 교회와 교회 다니는 사람들에 대해 엄청난 거부감을 가지고 있었습니다."

그러나 리베카는 멈추지 않고 제니퍼에게 지속적인 관심을 보였고 여러 방면으로 그녀를 돕고 섬겼다. 그러는 동안 리베카는 제니퍼의 이웃인 닉의 앞뜰 잔디가 몇 주 동안이나 정리되지 않아 무성하게 자란 것을 발견하게 되었다. 닉은 6번가에서 나이트클럽을 운영하고 있었는데 가끔씩 현관문 앞에 나와 앉아 있곤 했다.

어느 날, 리베카는 닉과 대화를 할 기회가 생겼다. 리베카는 닉과의 대화를 통해 그의 아내 에슐리가 여러 해 동안 암 투병을 해 온 사실을 알게 되었다. 리베카는 그제야 에슐리를 자주 볼 수 없었던 이유를 알게 되었다. 닉은 아내의 항암치료를 위해 매번 휴스턴에 있는 암 치료 센터까지 그녀를 데리고 갔다 오는 일을 하면서 사춘기 직전의 두 자녀를 양육하고 있었고 동시에 술집도 운영하고 있었다. 닉의 집 앞뜰에 잔디와 잡초가 무성하게 자란 이유가 있었음을 알게 되었다.

리베카는 자신의 집 앞뜰의 잔디를 깎을 때마다 닉의 집 잔디도 깎아 주었다. 어느 토요일, 레베카는 닉의 앞뜰에 무성하게 자란 잔디를 깎고 있었는데 그녀가 속해 있는 네트워크 구성원 친구들이 오더니 잔디 깎는 일에 동참했다. 그리고 망가진 울타리도 보수해 주었다. 몇 주가 지난 후, 리베카와 에슐리는 속 깊은 대화를 나누게 되었는데 에슐리가 리베카에게 예기치 못한 부탁을 했다. "리베카, 당신과 함께 교회에 갔으면 해요. 저를 데리고 가 줄 수 있나요?"

레베카는 하나님의 놀라운 타이밍에 대해 다음과 같이 회상했다. "에슐리가 교회에 첫발을 내디뎠던 주일의 말씀은 '당신은 혼자가 아닙니다'라는 주제였습니다. 그 말씀을 통해 하나님께서 에슐리에게 말씀하시고 그녀가 힘든 시기를 지날 때 만나주셨습니다. 하나님께서 에슐리를 그분께로 이끌고 계심을 볼 수 있었습니다. 정말 놀라운 일이 아닐 수 없습니다. 수요일 저녁, 그녀와 함께 저녁 식사를 했는데 자신이 겪었던 힘든 일을 이야기하며 주일 설교가 얼마나 자신에게 힘이 되었고 강하게 다가왔는지 말해 주었습니다. 그리고 그녀는 나에게 교회에 데려가 달라는 부탁을 했던 것에 대해 여전히 의구심을 가지고 있었습니다. 그때까지만 해도 그녀는 교회에 갈 마음이 전혀 없었기 때문이었습니다." 크리스천으로 구성된 네트워크가 적절한 시기에 닉과 에슐리의 필요를 채워줌으로써 그들 가족이 믿음을 찾아가는 여정을 시작할 수 있게 해 준 것이다.

"나는 제니퍼에게 사람들을 돕고 섬기는 일에 관심이 있다면 함께 하자고 했습니다." 리베카가 지난날을 뒤돌아보며 말했다. "교회에 다니지 않는 이웃 중 한 가정을 방문해 색이 바랜 차고 문에 페인트칠해줄 계획을 준비하고 있었습니다. 내가 제니퍼에게 같이 가자는 말을 건넸을 때 그녀는 흔쾌히 수락했습니다. 토요일, 페인트칠하는 일을 마친 후에 제니퍼는 같이 일한 분들이 굉장히 좋은 사람들 같다며 그들이 교회에 다니는 사람들인지 물었습니다. 나는 그들이 교회 친구들이라고 말하면서 조심스럽게 교회에 나오는 것에 관해 물어보았습니다. 하지만 그녀는 여전히 교회에 나오길 꺼렸습니다."

"이번 주 일요일에는 라운드락 지역에 있는 한 술집에서 예배드릴 겁니다." 리베카가 제니퍼에게 말했다. 게이트웨이 교회는 주일마다 두 군데의 술집에서 인터넷 예배를 드릴 수 있게 했다(<걸작품을 보다> 1권 1

장에서 두 개의 술집을 운영했던 마르크를 기억하는가? 그 친구가 자신의 가게를 예배 장소로 사용할 수 있도록 해 주었다).

"술집에서 예배를 드린다고 했나요? 흥미롭군요. 그렇다면 한 번 가보죠!" 제니퍼는 신기하다는 듯 말했다.

제니퍼는 술집에서 드린 인터넷 예배가 좋았다고 하며 주일마다 '술집 교회'를 나오기 시작했다. 리베카는 제니퍼를 다른 성도들에게 소개해 주었고 그녀가 친환경적으로 정원을 가꾸는 것에 관심 있어 한다는 사실을 알게 된 교인들은 교회에서 운영하고 관리하는 정원(채소와 과일을 기르는 정원)을 제니퍼에게 소개하며 교회의 식품 담당 부서와 난민들에게 제공할 신선한 농산물 재배를 위해 그녀의 전문적인 지식이 필요하다고 했다. 제니퍼와 에슐리는 교회 사람들과 어울려 일하고 섬기는 동안 서서히 믿음을 갖게 되었고 그리스도를 따르는 제자의 길을 걷기 시작했다. 그리고 그들은 리베카가 이끄는 소그룹에 합류하게 되었다.

섬김의 자리, 섬김을 받는 자리

예수님을 따르기로 결단한 사람들에게 던져진 문제가 한 가지 있다. 그것은 '섬김의 자리에 있을 것인가 아니면 섬김을 받는 자리에 있을 것인가?'하는 것이다. 예수님께서는 다음과 같이 말씀하셨다. "인자가 온 것은 섬김을 받으려 함이 아니라 도리어 섬기려 하고 자기 목숨을 많은 사람의 대속물로 주려 함이니라"[마가복음 10:45]. 그렇다면 예수님을 따른다는 말의 의미는 무엇인가? 하나님께서 교회를 예수님의 몸으로서의 기능을 담당하게 하셨다면, 교회는 어떤 모습을 갖추고 있어야 하는가? 나는 어느 교회든지 이웃들의 물리적 필요와 물질적 필요 그리고 영적인 필요를 채워주고 그들을 섬기기 원하는 20명에서 70명 정도의 사람들로 이루어진 네트워크를 형성할 수 있다고 믿는다. 그들은 교회라는 그리스도의 몸을 통해 다양한 방법으로 사람들을 섬기며 세상을 뒤바꾸어 놓을 것이다!

네트워크 구축은 하나의 소그룹이나 주일학교 분반, 싱글 그룹에서부터 남선교회나 여선교회 또는 악기팀에서 시작될 수도 있다. 물론 의지가 있는 한 명의 크리스천으로부터 시작되기도 하는데, 함께 일할 핵심 구성원들 찾아 이웃 사람들을 사랑하고 섬기는 일을 시작할 수도 있다. 네트워크 구축의 시작점은 그 대상이 무궁무진하다.

예수님께서는 가시는 곳마다 도움이 필요한 사람들을 만났는데 자기 자신을 학대하는 성향을 가진 아이들 때문에 마음 아파하는 부모들을 살피시고 아이들의 신체적 불편함을 치유하셨으며 갈급함을 채우시고 영적으로 고통받는 사람들이 희망을 찾도록 도우셨다. 또한, 사회적으로 버림받은 사람들에게 친구처럼 다가가 친밀한 관계를 맺으셨다. 예수님께서는 제자들에게도 그와 같은 일을 동일하게 행할 것을 가르치셨다.

예수님의 제자인 우리도 그분이 행한 일을 해야 한다. 이 일은 사람들이 가장 필요로 하는 것이 무엇인지 살펴보고 적절한 도움을 주는 것이지만, 이 일을 행하기 전에 그들과의 관계를 잘 형성해야 하며 그들의 말에 관심을 가지고 귀를 기울여 가장 시급하고도 필요한 도움이 무엇인지 잘 분별해야만 한다. 우리가 예수님과 함께 사역의 현장에 나갈 때, 그분의 몸인 우리를 통해 하시기 원하시는 일들을 보여 주실 것이다. <걸작품을 보다> 1권과 2권에서 언급된 이야기들을 통해 보았듯이 함께 사람들을 섬기고 그들을 우리와 함께하는 섬김의 자리에 초대하는 것으로 추동력 있는 관계를 형성할 수 있다.

소그룹의 핵심 구성원으로서 당신이 속한 소그룹은 영적인 필요와 물질적인 필요를 채워주는 70명의 구성원으로 이루어진 네트워크로 성장해 갈 수 있다. 당신은 사람들이 믿음을 갖게 되는 과정을 지켜보게 될 것이고 그들이 당신과 함께 섬김의 자리에 있는 것을 보게 될 것이다. 라운드락 지역의 네트워크 그룹은 이웃을 어떻게 섬길 것인가 하는 문제에 대해 '쏘울스토밍'(Soul storming)이라고 불리는 방법을 사용한다. 쏘울스토밍의 목적은 당신 주변의 사람들이 필요로 하는 것과 주님의 몸 된 지체로서 당신이 가지고 있는 재능(은사)과 경험의 공통 부분이 무엇인지 보기 위함이다. 다시 말해, 사람들이 필요로 하는 것을 채워줄 수 있는 각자의 역할이 무엇인지를 파악하고 준비하는 과정이다. 쏘울스토밍의 저자이자 라운드락 지역 네트워크의 멤버인 제이슨 해리포드는 네트워크 구성원들의 하트스토밍(Heart Storming 구성원들의 정서를 효과적으로 끌어내 하나로 모으는 것)을 위해 1박 2일간의 리트릿을 가지라고 권면한다.

'주위를 둘러 볼 때, 당신의 마음을 안타깝게 하거나 아프게 하는 것은 무엇입니까?' 모든 네트워크 구성원들은 이 질문에 대한 자신의 대답을 적어야 한다. 당신의 이웃을 한 번 생각해보라. 주변에 망가지거나 부서진 물건이 있는가? 당신이 사는 도시나 지역을 떠올려 보라. 하나님께서는 무엇을 고치시고 회복시키시길 원하시는가? 당신 주변에 있는 사람들을 떠올려 보라. 그들의 삶에서 가장 크게 망가지고 깨어진 것은 무엇인가? 그리고 망가지고 깨어진 것들을 고치고 회복시키시는 하나님의 나라, 그런 하나님의 나라가 임하는 것을 본다는 것은 무슨 의미인가? 이러한 질문을 제대로 이해하기 위해서는 먼저 산책을 하며 기도하는 시간과 당신의 현재 상황과 여건을 조명해 보는 시간을 갖는 것이 좋다. 그런 다음 당신 주변에 대해 알아가는 것이 필요한데, 이는 하나님의 눈에는 보이는 것들(상하고 깨어진 것)을 종종 놓치고 있기 때문이다.

두 번째 모임에서는 각자에게 '라이프스토밍'을 위한 시간을 갖게 하고 다음의 질문에 답을 하도록 하라. '당신의 삶에 의미를 주는 것은 무엇입니까?' 또는 '무엇이 당신의 삶을 열정 있게 만들어 갑니까?' 위의 질문에 답이 끝났다면 다음을 생각해 보게 하라. '당신은 자신의 삶에서 이루고 싶은 것은 무엇입니까?' '당신은 삶에서 어떠한 일을 하고 싶습니까?' '당신이 겪었던 일과 동일한 상황에 처해 있는 사람들을 돕고 싶은 마음이 강하게 들었을 때가 있습니까?'

무엇인가에 중독되었다가 극복한 경험으로 인해 다른 사람들을 중독에서 벗어나게 하고 싶은 것일 수도 있고, 어린 시절 자신이 가치 없다고 느꼈었던 경험으로 인해 버림받고 환영받지 못하는 존재라고 느끼는 아이들에게 가치 있는 사람임을 알려주고 싶은 것일 수도 있으며 학대받았던 아픈 경험으로 인해 그와 같은 아픔이 있는 사람들을 치유하고 위로하고 싶은 것일 수도 있다.

각자가 적은 리스트를 가지고 집으로 돌아가 자신의 마음을 가장 아프게 하는 5가지 항목을 선정하게 하고, 다음 모임에서 각 구성원은 약 10분 동안 자신의 선정한 5가지 내용을 나눈 후 성령님께서 각 사람에게 보여 주시고자 하는 것이 무엇인지 서로 의견을 말하고 듣는 토론의 시간을 위해 잠시 혼자만의 시간을 가진다. 그리고 다음의 질문으로 서로의 의견을 종합해 보라. 우리가 함께 섬길 수 있는 곳은 어디일까? 무엇을 어떻게 해야 할까? 사람들을 섬길 때 각자의 서로 다른 재능과 경험으로 어떻게 서로를 도와 협력할 수 있는가?

예를 들면, 라운드락 지역의 한 네트워크 구성원은 고아로 자란 아픔으로 인해 방황했던 어린 시절 이야기를 하면서 위기에 처해 있는 아이들을 향한 긍휼과 열정이 있음을 고백했다. 그 사람의 이야기를 들은 어떤 한 구성원은 자신이 사는 근처에 텍사스 침례교단에서 운영하는 보육원에 대해 언급했고, 이후 고아들을 향한 긍휼과 열정이 있는 세 명의 사람들이 고아원 사역을 시작하게 되었다. 지금은 그 보육원을 섬기는 하나의 팀이 만들어져 고아들을 돌보고, 자녀를 돌보기 힘든 위기의 가정들을 돕는 사역을 하고 있다. 어떤 이는 아이들에게 무료 기타 강습을 해 주고, 다른 이는 동물들을 이용해 아이들의 심리치료를 하며, 정원 가꾸는 팀은 보육원의 정원과 주변을 아름답게 꾸미는 일로 자신의 재능을 사용하고 있다.

오스틴의 남부지역 네트워크 구성원인 조쉬는 심각한 코카인 중독자였는데 지금은 약물 중독에 빠진 사람들을 돕고 후원하는 일에 열정을 쏟고 있다. 오스틴 전 지역의 네트워크 구성원들이나 그들의 이웃 중에 마약 중독에 빠진 사람이 있다면 조쉬와 연결되어 도움을 받게 된다. 미켈과 쉬리는 행복하고 애정 있는 결혼생활에 대한 열정을 가지고 있는 부부이다. 그들은 결혼생활에 대한 부부 세미나를 진행하는 등 다양하고 풍부한 경험을 가지고 있다. 꽤 많은 네트워크 구성원들이 결혼생활에 위기를 맞이하고 있었기 때문에 나는 그들 부부에게 '행복한 결혼생활 만들기'라는 주제로 네트워크 핵심 구성원들을 위한 5주~6주 정도의 워크숍을 진행해 달라는 부탁을 했다.

모든 사람은 자신이 가지고 있는 재능을 사용하고 섬길 단체가 필요하다. 그러한 점에서 네트워크는 사람들이 함께 섬길 수 있도록 그들에게 맞는 단체나 팀을 찾아주는 역할을 한다. 이러한 섬김은 우리 주변에 있는 깨어지고 상한 심령들을 돕고 그들의 회복을 통해 하나님 나라를 이 땅에 가져오기 위함이다.

씨더 지역 네트워크의 한 구성원은 자신이 사는 동네에 한 가정이 어려움에 처해 있다는 것을 알게 되었다. 초등학교에 다니는 아들은 보험 혜택을 받을 수 없는 희귀병에 걸려 힘겨운 나날을 보내고 있었고, 이로 인해 가족들도 소망을 잃은 삶을 살아가고 있었다. 모든 구성원이 아이의 치료비 모금을 위한 방법을 모색하기 위해 한자리에 모였다. 그리고 공원에서 축제를 열기로 마음을 모았다. 네트워크 구성원들의 섬김으로 그 가정은 재정적인 어려움을 덜어내게 되었고 네트워크 행사에 참가하면서 다른 사람들을 돕고 섬기는 일에 동참하기 시작했다. 그들은 현재 믿음을 찾아가는 중이다. 어려움에 처한 사람들을 섬기는 일을 지속적으로 해 온 이 지역의 네트워크를 통해 교회가 어떠한 곳인지 모든 이웃이 알게 되었다. 적은 수의 사람들로 시작한 지속적인 섬김이 점점 더 성장하는 것을 당신도 보게 될 것이다. 그러나 한 가지 염두 해야 할 사항이 있다. 그것은 섬김의 자리에서 우리가 상처를 받을 수도 있다는 것이다.

섬김의 자리에서 받는 상처

다운타운 지역의 미혼자 네트워크 구성원들은 꽤 흥미로운 현상을 발견하게 되었다. 지난여름, 섭씨 38도가 넘는 불볕더위가 100일 동안이나 지속된 적이 있었다. 열대야가 기승을 부리던 어느 날 밤, 사실 그날은 42도가 넘는 폭염이 강타했었다. 네트워크 구성원들은 거리에서 시원한 생수를 나누어 주기로 했다. 당신이라면 그러한 불볕더위 속에서 버텨낼 수 있겠는가? 그럼에도 사람들은 우리가 나누어 주는 생수병을 받으려 하지 않았다. 어떤 사람은 "아뇨, 전 괜찮습니다."라는 반응을 보였고, 어떤 이들은 "무슨 목적으로 주는 겁니까? 원하는 게 뭐죠?"라는 반응을 보이기도 했다. 어떤 한 여성은 몹시 화를 내며 손으로 우리가 들고 있던 생수병을 치고 그 자리를 떠났다. 네트워크 구성원들은 거리에서 시원한 물을 나누어 주는 일을 계속해야 할지 고민에 빠졌다.

다음 주, 그들은 한 가지 실험을 해 보기로 했다. 네트워크의 모든 구성원에게 굵은 글씨로 '나는 사랑이 필요합니다'라고 적힌 카드 보드(판자)를 하나씩 나누어 주었다. 그리고 카드 보드에 사람들이 자신을 사랑하기 꺼리는 이유가 무엇이라고 생각하는지 3가지 적도록 했다. 예를 들면 인격 장애, 성격상의 결함 또는 사랑하기 어렵게 만드는 실패감 같은 것 말이다. 그들은 각자의 카드 보드를 들고 다운타운 거리로 나가 사람들에게 사랑에 대해 실험을 하고 있다고 설명했다.

모든 구성원은 사람들을 만났을 때 다음과 같은 이야기를 하라고 지시받았다. "여기에 적은 3가지는 다른 사람들이 나를 사랑하기 어렵게 만드는 요소들입니다. 사람들이 당신을 사랑하지 못하게 만드는 걸림돌이 있다면 3가지 적어주세요. 당신이 다 적고 나면 저와 카드 보드를 서로 교환하는 겁니다. 그리고 제가 당신처럼 사랑받는 데 어려움을 겪고 있는 사람을 만나게 되면 그 사람을 위해 기도하겠습니다. 당신도 저와 동일한 방법으로 하시면 됩니다."

다소 충격적인 사실은 사람들에게 시원한 생수병을 건네는 것보다 그들의 성격상 결함을 적은 카드 보드를 맞교환하는 것이 훨씬 더 쉬웠다는 것이다.

나는 이 실험에서 중요한 교훈 한 가지를 얻게 되었다. 우리가 사람들을 섬기려고 할 때, 그들은 우리의 섬김에서 '동냥 받는다'라는 감정을 느낀다는 것이다. 이것 때문에 사람들은 상처를 입고 교회를 떠나게 된다. 우리가 겸손한 태도를 취하고 스스로 연약함을 인정할 때, 사람들은 우리가 말하는 것을 거부감 없이 받아들이며 우리에게 가까이 다가오게 된다.

교회는 이러한 사람들을 위해 선교적 사명을 가진 크리스천들을 대거 보낼 수 있다. 예수님께서는 물리적, 육체적으로 잘못된 우리의 모습을 회복시키셨을 뿐만 아니라 영적으로 그리고 관계적으로 잘못된 우리의 모습도 회복시키셨다. 이것이 바로 이 땅에 임해야 할 하나님의 나라이며 우리가 찾고 구해야 하는 것이다.

누가 가난한 자인가?

소외된 사람들이나 경제적으로 빈곤한 사람들을 대하고 섬길 때, 우리의 태도는 그들에게 지대한 영향을 미치게 된다. 경제학 교수이자 지역 사회 개발학자인 스티브 코베트는 다음과 같은 말을 했다. "가난한 사람들이 자신들의 가난(빈곤)에 대해 언급할 때, 그들은 자신에게 있는 수치와 열등감, 무력감, 굴욕감, 두려움, 우울함, 사회적 고립, 소망 없음에 대해 말하며 마치 사회적 발언권이 없는 사람들인 것처럼 말한다. 그들은 물질적인 부족에 대해서는 거의 언급을 하지 않는다."

부자들은 가난(빈곤)에 대해 다음과 같은 것을 떠올린다. 먹을 것의 부족, 돈의 부족, 거주 여건, 자동차의 유무 그리고 직장의 유무. 이는 의도치 않게 '가진 자'가 '가지지 못한 자'를 돕고, '치유 받은 자'가 '상한 자'를, '힘 있는 자'가 '힘없는 자'를, '바리새인'이 '죄인'을 섬긴다는 '동냥 심리'를 유발하게 된다. 이것은 곧 관계의 불균형을 의미하며 이러한 태도에서 나온 섬김은 도움보다는 오히려 상처를 남기게 된다. 교회적인 차원, 즉 교회가 당연히 해야 하는 일이라는 차원에서 사람들을 돕고 섬긴다면 그들은 결코 그리스도인이 되지 못할 것이다. 관계적인 측면에 문제가 있기 때문이다.

코버트는 어떤 사람의 전기 요금을 지불해 주는 것으로 도움을 주는 예를 들었다. 그러나 금전적인 부족이나 경제적 무능력이 그 사람의 근본적인 문제가 아니라 게으름과 태만으로 인해 직장을 옮길 수밖에 없는 상황이라면 어찌하겠는가? 이것은 하나님과 자신을 바라보는 '관점의 빈곤'이다. 이러한 경우 돈을 주는 것은 오히려 그 사람에게 해를 끼치는 것이 된다. 더 좋고 값진 해결 방법은 당신이 다니는 교회가 이 사람과 관계를 발전시켜 가는 것이며, "우리는 당신이 하나님의 창조 목적대로 당신의 재능과 능력을 사용할 수 있도록 돕고 더 나아가 당신이 다른 사람들을 섬기는 자리에 설 수 있도록 돕기 위한 사람들입니다."라고 말하는 것이다. 이것이 관계적인 섬김과 물질을 주는 섬김의 차이점이라 하겠다.

무엇인가를 나누어주는 섬김은 비교적 쉽고 만족감도 얻을 수 있다. 그러나 필요한 만큼의 필요를 채우지는 못한다. 하나님의 걸작품을 회복하려는 목적이 아니라면 상관없겠지만 말이다. 관계적인 섬김은 희생이 뒤따른다. "주린 자에게 네 심정이 동하며 괴로워하는 자의 심정을 만족하게 하면 네 빛이 흑암 중에서 떠올라 네 어둠이 낮과 같이 될 것이며"[이사야 58:10]. 여기서 '심정이 동하며'(spend yourself)라는 말은 '관계적인 것과 물질적인 것을 들이다'라는 의미이다. 사람들이 가지고 있는 문제를 살펴보면 대부분 그 원인이 관계적 문제에서 시작되었음을 알 수 있다.

우리는 모두 빈곤에 허덕인다. 이 사실을 이해하게 된다면 우리의 섬김이 사람들에게 실질적인 도움이 되는 방향으로 갈 수 있다. 코버트는 "하나님께서 우리를 창조하셨으며 하나님 나라의 뜻과 방법에 따라 그분과 우리 자신과 다른 사람들과 그리고 우주 만물과 관계를 맺도록 하셨다"라고 말했다. "하나님, 우리, 다른 사람, 우주만물 이 네 가지 관계는 모든 인간 활동의 구성요소들이기 때문에 관계의 실추는 인간의 역사이기도 한 경제와 사회와 종교 그리고 정치 시스템에 그 영향이 나타나게 된다. 이는 모든 시스템이 훼손된다는 것을 의미하며 깨어진 인간관계도 모든 시스템에 그대로 반영된다. 기독교 성장 분야의 전문가인 브라이언트 마이어스는 다음과 같이 말한다. "가난(빈곤)은 사람들 간의 관계가 원만하지 않기 때문에 생겨난 결과물이다." 이러한 인식은 다른 사람들을 돕고자 하는 사람들에게 매우 중요한 사실이다.

코버트는 다음과 같이 묻는다. "과연 가난한 자들은 누구인가? 전적인 인간 본성의 실추(타락)로 인해 모든 인간은 하나님께서 의도하신 방법대로 이 네 가지 관계를 경험하지 못하고 있다. 이 때문에 모든 인간이 가난(빈곤)에 처할 수 밖에 없다." 우리는 하나님과의 친밀함의 결핍인 영적 빈곤으로 인해 어려움을 당한다. 이는 하나님의 존재에 대한 부정적인 태도나 바리새인과 같이 되는 현상, 물질적인 탐욕, 하나님보다 자신을 높이 두려는 생각을 유발한다.

우리가 영적으로 빈곤한 자가 되는 이유는 우리 자신과 다른 사람들 안에 하나님께서 만드신 걸작품을 보지 못하기 때문이다. 이로 인해 어떤 사람들은 가난하거나 힘이 없거나 능력이 없거나 따돌림 때문에 생기는 '열등감'으로 힘들어하는 사람들과 자신을 비교하게 되며 권력과 부 또는 의로운 행위와 선한 행위가 주는 우월감으로 인해 마치 자신이 신이라도 되는 양 거만하게 행동하는 '갓 콤플렉스'를 갖게 된다.

우리가 영적으로 빈곤한 사회가 되는 이유는 자기중심적, 학대, 착취가 사람들 사이를 갈라놓기 때문이다. 우리가 영적으로 빈곤한 청지기가 되는 이유는 게을러지거나 자신들의 일에 사명을 느끼지 못하거나 일 중독자가 되거나 청지기의 사명을 자신들을 위해서만 사용하기 때문이다.

우리는 심령이 가난하며 마음이 상한 자들이다. 개발지원 전문가들은 서방 국가에서 가난한 나라에 지원하는 수조 달러의 지원금이 그다지 큰 영향력을 끼치지 못한다고 말하며, 그 원인이 관계적 토대의 빈곤을 제대로 인식하지 못하기 때문이라고 했다. 영적으로 빈곤한 자임에도 스스로를 우월하다고 생각하는 부와 권력을 가진 사람이나 의로운 사람이 무엇인가를 필요로 하는 사람들의 문제를 그들이 가진 것으로 해결하려고 한다면, 이는 양쪽 모두 더 심각한 빈곤을 초래하는 결과를 낳게 될 것이다.

가난한 사람들이 가지고 있는 근본적인 문제는 자신을 하나님께서 뜻하신 위대한 일을 행하는 존귀한 걸작품이 아닌 단지 열등감과 소망이 없는 자로 여긴다는 것이다. 가난한 사람들은 하나님께서 주신 은사(재능)를 지속되는 문제의 해결 수단으로 사용하고 있음을 깨닫지 못하고 자신이 '빈곤한 자'라는 인식 안에 주저앉아 있다.

누군가를 섬기는 자리에서 우리가 우월한 사람이라는 인상을 주게 되면, 우리의 섬김은 선한 영향보다는 오히려 악영향을 끼치게 될 것이다.

노숙자에게 도움이란

슬래지, 그 이름에서 풍겨 나오는 것처럼 그는 대통령 훈장(Purple Heart)까지 받은 특전사 출신이다. 팔뚝에는 그가 참전한 전쟁의 역사를 말해 주는 문신이 새겨져 있다. 벤 슬래지, 그는 거의 만신창이가 되어 게이트웨이 교회를 찾아왔다. 그가 이라크에 파병되어 가 있는 동안 그의 아내는 다른 남자와 불륜에 빠져 그를 떠났다. 벤이 군 복무를 마치고 집으로 돌아왔을 때, 오스틴에 사는 그의 친구가 숙식을 제공하며 벤을 게이트웨이 교회로 인도했다. 절실한 도움이 필요한 때에 그는 교회 사람들을 만나게 되었다. 그들은 벤을 사랑으로 대했고 정성을 다하고 아낌없는 섬김으로 그를 도왔다. 교인들의 헌신적인 섬김으로 벤은 예수님을 따르기로 결단하게 되었다.

4년이 지난 후, 벤 슬래지와 그의 친구 조단은 대학교 네트워크를 시작하는 것에 대해 기도하기 시작했다. 그들은 대학 캠퍼스를 찾아가 학생들을 만나고 그들을 다른 사람 섬기는 일에 초청했다. 얼마 지나지 않아 그들이 초청한 대학생들을 영적으로 성장시키는 소그룹이 만들어졌다. 이렇게 시작된 네트워크는 첫해 60명의 대학생이 참여하였고 이들은 네 개의 소그룹의 나누어져 다리 밑에서 생활하는 노숙자들을 섬기는 일을 담당하게 되었다. 이 사역을 통해 우리는 다리 밑에서 노숙 생활을 하는 제이슨이라는 이십 대의 젊은 청년을 만났다.

제이슨의 고향은 포틀랜드이다. 그는 나쁜 패거리와 어울리다가 그 어디에서도 정착하지 못하고 쫓겨나는 신세가 되었다. 갈 곳이 없었던 그는 정처 없이 떠돌다 이곳 오스틴까지 오게 되었고 이때부터 노숙자 생활이 시작되었다. 벤 슬래지가 이끄는 네트워크에 속한 한 소그룹이 제이슨을 네트워크 모임에 초대했다.

마티아스는 소그룹 모임이 있을 때마다 제이슨을 자신의 차에 태워서 왔다. 제이슨은 소그룹 모임에 나가면서부터 자신이 인정받고 진정한 사람 취급을 받는다고 느꼈다. 마티아스는 제이슨에게 노숙자 생활을 청산하고 삶의 안정을 찾을 때까지 자신의 집에 머물도록 했다. 몇 주가 지나 마티아스가 속한 소그룹 구성원들이 돌아가면서 제이슨을 자신의 집에서 지내도록 했고 그는 매주 화요일 소그룹 모임에 빠지지 않고 참석하게 되었다. 이렇게 해서 제이슨은 모든 소그룹 구성원들과 친한 친구가 되었다.

소그룹 구성원 중 한 명이 제이슨을 조쉬(그는 남부 지역 네트워크 소속으로 마약 중독자들이 마약에서 벗어날 수 있도록 돕고 있다)라는 친구와 함께 일할 수 있도록 일자리를 제공했고, 구성원 모두가 힘을 합해 출퇴근 할 수 있는 자동차와 직장에서 입을 옷을 사 주었다. 결혼을 앞둔 슬래지도 약 두 달가량 제이슨을 자신의 집에서 생활할 수 있도록 했다.

제이슨이 슬래지에게 말했다. "슬래지, 나는 참 많은 축복을 받고 있다는 생각이 듭니다. 마음이 울적할 때 대화할 수 있는 친구가 있고 도움이 필요할 때에는 여러분들이 그 필요를 채워주니까요. 사실 나는 이 모든 것들을 누릴 자격이 없는 사람이라고 생각합니다. 하지만 여러분들은 내가 필요로 하는 것들을 아무런 대가 없이 줍니다." 그는 예수를 믿고 따른다는 진정한 의미가 무엇인지에 대해 고민하고 있었다.

찬란한 모습이 드러나길 기다리는 하나님의 걸작품을 보게 될 때 관계, 사랑, 섬김의 복합체는 그 힘을 발휘하게 된다. 이 복합체로 인해 제이슨은 대학 진학의 동기를 갖게 되었고, 지금은 마티아스와 같이 생활하며 낮에는 직장에서 밤에는 전문대에서 공부하고 있다. 제이슨은 소그룹 구성원들에게서 그들이 말하는 예수님의 모습을 발견했다. 그는 그들로부터 물질적인 섬김은 물론 관계적인 섬김까지도 아낌없이 받았다고 했다. 제이슨은 현재 대학 캠퍼스 네트워크에서 활동하며 자신이 예수님의 제자들로부터 받은 것과 동일한 섬김으로 다른 사람들을 돕고 있다.

지속적인 섬김을 이어나가는 방법 중 하나는 상대방의 처지를 이해하고 그들을 크리스천들과 함께 섬김의 자리에 서도록 격려하는 것이다. 브라이언과 에이미는 브랜슨 지역의 네트워크에서 'Jesus Was Homeless'(예수님도 집이 없는 자였다) 사역을 함께해 왔다. 브라이언과 에이미는 자신들이 섬겼던 사람들을 다른 사람들을 섬기는 자리에 서게 했다. 이 일은 사람들이 자신에 대한 가치와 존엄성을 높이는 결과를 가져왔으며 예수 그리스도를 따르게 하는 촉매가 되었다. 그리고 그들은 점점 하나님께서 뜻하신 모습으로 변해갔다.

다리가 세 개뿐인 의자

등받이가 없고 다리가 세 개인 의자(Three-legged stool)는 서로의 다리를 의지한다. 이처럼 세 가지 요소가 함께 어우러져 일할 때, 하나님 께서는 사람들의 내면에 있는 그분의 걸작품을 회복시키신다.

1. 예수 그리스도를 따르는 사람이 예수님의 태도와 행동을 취할 때, 사람들은 그 사람과 친구가 된다.
2. 친구가 된 그들을 사랑과 섬김의 공동체 안으로 이끌어 네트워크 안의 크리스천들을 만나게 한다.
3. 그들이 있는 모습 그대로 올 수 있는 배움의 장소를 제공한다.

이 세 가지 요소가 단계적으로 갖추어질 때, 하나님께서 그분의 걸작품 한 사람 한 사람을 어떻게 회복시켜 가시는지 볼 수 있다. 그러나 사람들이 죄와 삶의 몸부림, 삶에 대한 질문과 의심같은 문제들을 가진 상태(있는 모습 그대로)에서 예수님의 길을 배울 때에는 그들의 삶을 이해하고 공감할 수 있는 장소와 걸작품으로 회복되기까지 충분한 시간이 필요하다.

이것은 리베카의 후반부 이야기이기도 하다. 리베카는 하나님의 걸작품으로서 놀라운 치유와 성장과 회복을 경험했다. 그리고 그녀는 전임 사역자로의 하나님의 부르심이 있음을 느꼈다. 그녀는 섬김의 자리에서 사람들을 믿음의 자리로 이끄는 일을 계속해서 하고 있다. 그녀는 제니퍼, 에슐리 그리고 셸리를 예수 그리스도께로 인도했고 셸리는 세례까지 받게 되었다. 리베카는 현재 이 자매들의 깊은 영적 성장을 위해 전심으로 노력하고 있다.

4년 전, 리베카는 5년 동안 동성애 관계에 있었던 여자로부터 얼굴을 심하게 구타당한 후 자살 충동을 느꼈었다. 리베카에 대한 이야기는 다음 장에서 더 나눌 것이다.

QUESTIONS AND ACTIONS

1. 묵상 과제

당신은 다른 사람들을 섬기는 방법과 길을 얼마나 자주 모색하는가? 하나님께서 당신 주위(직장, 학교, 가정, 교회 등)에 두신 사람들을 어떻게 섬기고 있는가?

2. 실천 과제

몇 명의 크리스천 동료들과 섬김을 위한 계획을 세워보라. 하나님을 믿지 않는 친구들을 초청해서 당신과 함께 섬김의 자리에 서게 하는 것은 어떤가?

Chapter 4

'있는 모습 그대로 오십시오'라는 배움의 장소

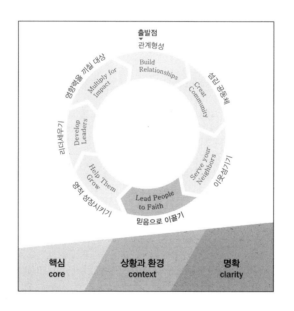

리베카는 기독교 가정에서 태어나 좁고 곧은 길을 가려고 노력하며 살아왔다. 그러나 대학에 진학하자 그녀를 집요하게 물고 늘어지는 음성이 있었다. 그 음성은 리베카를 바닥에 주저앉게 만들었고 저항할 수 없게 만들었다. 아무리 달아나려 애를 써도 도저히 벗어날 수 없을 것만 같았다.

비수가 상처 난 그녀의 영혼 깊숙이 찌르고 들어왔다. "어쩌다 내가 여기까지 왔지? 어떻게 해야 할지 모르겠어. 모든 것이 혼란스럽기만 하다. 홀로 남겨진 것 같은 느낌은 뭘까?" 이러한 생각들이 리베카의 머릿속에서 마치 거센 회오리처럼 휩쓸고 지나갔다. 쏟아지는 눈물이 앞을 가려 운전하기도 힘들었다. 리베카는 친구가 건네준 CD를 틀었다. 두 번째 곡의 가사는 마치 하나님께서 자신에게 말씀하시는 것 같았고 하나님과의 첫사랑을 떠올리게 했다. 슬픔의 눈물이 소망의 눈물로 바뀌었다. 리베카는 목놓아 하나님께 부르짖었다. "하나님, 이 묶임에서 헤어날 수 있게 해 주세요. 제발 이 굴레에서 저를 건져주세요! 이제부터 주님만 따라가겠습니다. 어떻게 해야 하는지 알려주세요."

한 주가 지난 후, 리베카는 오스틴에 있는 게이트웨이 교회에 와 있는 자신을 발견했다. 그 주일에 선포된 말씀의 주제는 '동성의 유혹'에 관한 것이었다. 두려움과 소망이 뒤섞인 가운데 리베카의 가슴은 마구 뛰기 시작했다. 설교를 들은 후 레베카는 웹사이트를 검색해 우리 교회의 온라인 설교를 듣기 시작했다. 그녀의 삶을 풀어 줄 실마리를 찾을 수 있을지 모른다는 희망에서였다. 그녀는 24시간 동안 12개의 설교를 듣고 내게 이메일을 보내왔다.

　에이미, 리니, 로버트는 돌아오는 주일 동성애자로 사는 삶에서 벗어나 믿음의 길을 걷게 된 것과 하나님께서 올바른 성 정체성(남성성 & 여성성)의 여정으로 그들을 이끈 간증을 하는 것에 대해 동의했다. 사실 그들은 억지로 자신들의 동성애적 삶에 변화를 주지는 않았다. 다만 성령의 인도 하심에 따라 반응했고 성령님은 그들이 상상하는 그 이상의 세계로 이끄셨다. 토요일 오후 그들이 내 사무실을 방문했다. 그러나 그중 한 사람이 자신의 과거를 여러 사람 앞에서 이야기하는 것에 대해 주저하자 나머지 사람들도 자신들의 삶을 나누려 하지 않았다. 나는 그들이 느끼는 두려움을 충분히 이해할 수 있었지만 거기서 그들의 발걸음을 멈추게 할 수 없었다. 나는 리베카가 보내온 이메일을 그들에게 읽어 주었다.

　　나는 게이트웨이 교회의 웹사이트에서 다음 주 설교 주제를 보았습니다. 저는 서른네 살의 미혼 여성이고 지난 10년 동안 동성애자로 살아왔습니다. 어린 시절 매우 엄격한 율법주의를 강조하는 교회에 다녔었는데, 어머님은 거의 매일 저를 교회에 데리고 다녔습니다. 저는 어린이들에게 성경 공부도 가르치고 단기 선교도 갔다 왔습니다. 웃는 것도 기도도 행동도 완벽해야 했습니다. 겉으로 보여지는 저의 모습은 완벽한 크리스천 소녀의 모습이었습니다. 그러나 성적으로 왜곡된 세상으로부터 받은 상처와 불안전한 가정에서 받은 깊은 상처로 인해 나의 내면은 만신창이가 되어 있었습니다. 여러 가지 복합적인 상처는 마치 동성에게 사랑과 애정을 찾게 하는 완벽한 사육장과도 같았습니다.

대학에 다닐 때는 남자들과 데이트도 즐겼습니다. 한 남자와는 약혼 단계에까지 간 적도 있었지만, 과거의 생각들을 떨쳐버릴 수 없는 상태에서 남자 친구와 결혼 할 수는 없었습니다. 결국, 정상적인 여성으로 살아가는 것을 포기하고 10년 동안이나 아무도 모르게 동성애자로 살아왔습니다. 솔직히 말해 하나님을 떠나서 살고 싶은 마음은 없습니다. 그렇다고 해서 동성애 관계를 청산하고 싶은 마음이 있는 것도 아닙니다. 혼자가 된다는 것은 정말 나를 힘들게 하기 때문입니다. 제가 목사님에게 이 편지를 쓰는 이유는 이번 주 '동성애 관계'라는 주제의 설교를 듣기 위해 교회에 간다는 말을 전하기 위함입니다. 나는 목사님이 동성애는 잘못된 것이며 하나님이 뜻하신 바가 아니라고 말씀하실 것을 알고 있습니다. 그래서인지 몰라도 날이 갈수록 내 안에 두려움이 점점 더 커지고 있습니다. 교인들을 마주해야 한다는 사실도 내 심령을 조여오고 있습니다. 제발 왜곡된 시선을 가지고 있는 크리스천들에게 사랑과 긍휼을 보이라고 말해 주세요. 동성애자로 살아가는 사람들의 삶은 매우 고달프고 힘듭니다. 사람들이 우리를 이상한 눈초리로 바라보고 싫어하는 감정을 보일수록 우리는 하나님에게서 점점 더 멀어지게 됩니다.

From 리베카

내가 리베카의 편지를 에이미, 리니, 로버트에게 읽어주자 그들 모두는 마음을 돌이켜 자신들의 이야기를 나누기로 결단했다. 믿음이 두려움을 몰아낸 한 주였다. 그들은 여러 교인 앞에서 하나님께서 자신들의 삶에 어떠한 일을 행하셨는지 담대하게 선포했고 리베카는 귀를 기울여 그들의 삶을 경청했다. 다음은 주일 간증이 듣고 난 후 리베카가 보내온 이메일이다.

에이미와 리니의 간증은 나에게 동성애라는 울타리를 부수고 나올 수 있다는 소망을 주었습니다. 나는 그들이 나와 똑같은 울타리 안에 갇혀 있었다는 것을 알 수 있었습니다. 그리고 간증을 통해 그들이 부수고 나온 울타리와 동일한 울타리에 갇혀 있는 사람들을 도우려 한다는 것도 알게 되었습니다. 사람들에게 자신들의 과거를 숨기고 살아갈 수 있음에도 불구하고 여러 사람 앞에서 자신의 이야기를 나누는 그들의 용기에 놀라움을 금할 수 없었습니다.

나는 그날 소망이라는 빛을 보았습니다. 지금까지 생각해 볼 수도 없었던 소망 말입니다. 그 소망이 예수님을 신뢰하고 그분과 함께 걷는 것임을 이제야 깨달았습니다. 소망은 바로 한 발짝 거리에 있었지만, 그 소망의 길로 한 발짝 내딛기 위해서는 도움이 필요했습니다. 목사님의 설교를 여러 차례 들으면서 깨달아지는 것이 있었는데, 그것은 바로 내게 영적인 조력자가 필요하다는 것입니다. 그래서 나를 도와 믿음의 여정을 함께 걸어갈 사람들을 구하는 기도를 했습니다. 얼마 지나지 않아 나는 소그룹에 들어가게 되었는데 그들은 성적인 문제로 힘들어하는 사람들을 격려하고 성 정체성을 찾도록 도와주는 일을 하고 있었습니다. 소그룹 사람들과 교제를 하면서 또 한가지 깨달은 것이 있습니다. 난 외로운 사람이고 항상 혼자라고 생각했었는데 주님께서 항상 저와 함께하셨다는 사실을 알게 된 것입니다.

소그룹에서 알게 된 캐린이라는 친구는 항상 나를 지지해 주고 응원해 주었습니다. 그녀는 자신의 친구들에게 나를 소개했는데 그들은 동성애자인 나를 아무런 거리감 없이 받아 주고 사랑하고 격려해 주었습니다.

하나님께서는 사람들을 격려하는 은사를 가진 캐린를 사용하셔서 울타리 안에 갇혀 있는 나에게 발걸음을 내디딜 수 있는 동기를 주셨습니다. 공동체 안에서 예수님의 가르침에 대해 배우고 그들과 함께 믿음의 길을 가는 동안 나를 옭아매고 있었던 두 가지 거짓의 실체를 보게 되었습니다. 그것은 하나님이 나를 사생아로 바라본다는 것과 나 또한 나 자신을 사생아로 바라보고 있다는 것이었습니다.

이후 몇 년에 걸쳐 리베카는 치유와 여성성 회복, 자유함을 누리는 경험을 통해 믿음이 견고해져 갔고 제니퍼 같은 사람들을 섬기는 일을 시작하게 되었다. 하나님께서는 리베카가 가지고 있는 풍성한 사랑(예수님이 보이셨던 사랑)으로 제니퍼의 마음을 열고 예수 그리스도의 길을 걷게 하셨다. 하지만 제니퍼가 예수님을 알아가기까지는 어느 정도 시간이 필요했다. 스포츠 바(Bar)에서 드린 예배에 참석한 이후, 제니퍼는 매주 리베카와 예배의 자리에 나왔고 가끔 라운드락 지역의 네트워크 모임에 나와 다른 사람들을 섬기는 일에 동참하기도 했다. 4개월 정도가 지나 제니퍼는 리베카가 이끄는 소그룹의 일원이 되었고 8개월이 더 지난 후에는 예수 그리스도를 따르기로 결단하고 세례를 받았다.

배움의 시간이 필요하다

나는 당신이 지금까지 소개된 여러 이야기가 가지고 있는 공통점을 발견하길 바란다. 포스트 크리스천(탈 기독교)화 되어 가는 세상에 사는 모든 사람은 예수님의 마음을 가진 사람들과 교제하며 그들의 삶에서 예수님의 사랑과 섬김을 경험할 수 있는 기회가 있어야 한다. 그리고 그들이 예수님을 믿는 믿음에 이르기까지는 어느 정도의 시간이 필요하다. 사람들이 하나님에 대해 배우고 그분의 원형회복 작업에 들어가기 전까지는 그들이 자신의 삶에 묻어 있는 죄의 문제들을 발견하길 기대해서는 안 된다. 하나님을 아는 지식이 쌓여갈수록 동시에 의심과 의문과 영적인 싸움이 발생하기 때문이다.

아내인 케티와 나는 10명의 대학생으로 이루어진 소그룹을 이끈 적이 있다. 그들은 70년 동안 이어져 온 러시아의 공산주의가 몰락되었을 때, 1년간 러시아에 다녀온 학생들이었다. 만약 당신이 하나님, 예수님 그리고 성경을 전혀 알지 못하는 사람들에게 가서 하나님이 그들의 죄를 대속하기 위해 예수님을 이 땅에 보내셨다는 말을 전하면, 그들이 당장 하나님께 나아와 감사와 회개의 기도를 할 것이라는 생각을 해본적이 있는가? 안타깝게도 그런 일은 거의 일어나지 않는다. 왜냐하면, 복음을 전해 들은 사람들에게는 하나님과 예수님에 대해 알아 갈 수 있는 충분한 시간이 필요하기 때문이다. 그들이 믿고 따르려는 분이 누구이고 어떤 분인지? 왜 그분을 따라야만 하는지? 어떻게 따라가야 하는지? 에 대해 배우고 알아가는 시간이 필요하다.

　게이트웨이 교회는 라스베이거스에 있는 벌브 교회를 돕고 있다. 그 교회를 다니는 토미는 어느 문신 시술소에서 일을 하게 되었다. 그곳에서 여러 명의 친구를 사귀었고 그중 세 명을 전도했는데, 그들이 믿음에 이르기까지 어느 정도 시간이 걸렸다. 벤이라는 친구는 토미와 처음 믿음에 관해 이야기를 나누면서 이런 질문을 했다. "토미, 당신이 예수라는 사람과 마리아에 관해 이야기를 했지만, 그들이 다른 사람들과 무슨 상관이 있는지 모르겠어요." 사람들이 예수님에 대한 이야기와 복음을 접한다 할지라도 그들에게 있어 복음은 아직 난해하며 제대로 받아들이기 힘든 것일 수 있다.

　많은 크리스천이 사도행전 2장에 나오는 말씀대로 사는 것처럼 말하고 행동한다. 사도행전 2장에서 베드로는 유대인들에게 선지자들이 한 말에 귀를 기울이라고 하며, 구약성서를 통해 이미 알고 있는 내용을 어떻게 예수님께서 성취하셨는지를 상기시켜 주었다. 그리고 그들을 회개의 자리로 이끌어 3,000명이나 되는 사람들이 세례를 받고 메시아이신 예수님을 따르기로 결단하는 일이 일어났다.

　제임스 화이트는 다음과 같은 말을 했다. "1900년~1960년, 서방국가의 많은 사람들이 사도행전 2장에서 언급한 대로 살아갔습니다. 그 당시 사람들은 성경이 말씀하는 바를 잘 따랐고, 예수님께서 우리에게 어떠한 자가 되라고 하셨는지와 예수님께서 가르쳐 주신 것을 아주 잘 이해하고 있었습니다." 우리는 사도행전 14장~17장의 삶을 살고 있다. 우리는 우상숭배가 팽배했던 아테네(아덴)의 문화보다 더한 시대에 살고 있다. 당시 바울은 우상숭배 뒤에 가려진 하나님의 흔적 찾는 일을 시작했다[사도행전 17:23]. 그는 복음을 증거하기 위하여 이방인의 시를 인용하며 하나님께서 이미 일하고 계셨음을 그들에게 알려 주었다[사도행전 17:28]. 또한, 장터에서 만나는 사람들에게도 예수님이 구원자이심을 전했다. 사람들에게 복음을 전할 때, 그들이 예수님에 대해 배우고 믿음이 성장하여 예수님의 제자가 되기까지는 적어도 6개월에서 18개월 정도의 시간이 걸린다. 그렇다면 사람들이 예수님에 대해 배울 수 있는 곳은 어디인가?

있는 모습 그대로 오십시오

유대인들이 구약성경에 나와 있는 말씀대로 생활했음에도 불구하고 예수님은 '있는 모습 그대로 오라'는 것을 강조하셨다. 예수님은 당시 세리와 죄인들이 회당에 들어갈 수 없다는 사실을 알고 있었다. 세리와 죄인들에게 회당이란 곳은 종교 지도자들에게 정죄 받는 장소라고 여겨질 뿐이었다. 이러한 이유로 예수님께서는 율법 안에만 갇혀 있는 종교 지도자들과 그들을 따르는 무리의 굳은 마음을 깨뜨리기 위해 회당에서 진리의 말씀을 선포하셨다. 또한, 하나님 나라의 뜻과 아버지의 선하심을 알고자 하는 모든 이들을 위해서 누구나 올 수 있는 장소에서 말씀을 전하셨다.

예수님께서 어떠한 일을 행하시고 무엇을 가르치셨는지 생각해 보자. 그리고 예수님의 몸 된 교회인 우리가 그분이 행하셨던 일들을 잘 행하고 있는지 우리의 삶을 뒤돌아볼 필요가 있다. 마태는 예수님께서 산상수훈 말씀을 전하시기 전 상황에 대해 다음과 같이 설명했다. "예수께서 무리를 보시고 산에 올라가 앉으시니 제자들이 나아온지라 입을 열어 가르쳐 이르시되"[마태복음 5:1-2]. 예수님께서는 여러 계층의 사람들이 모인 장소에서 말씀을 전하셨다. 한쪽에는 성경을 연구하는 바리새적 종교학자들이 자신들의 학식을 으스대며 조소섞인 시선으로 바라보며 서 있었고, 다른 한쪽에는 세리와 죄인들이 예수님의 말씀에 귀 기울이고 있었다. 그리고 중앙에는 예수님의 제자가 된 어부들이 앉아 있었다. 예수님께서는 하늘로부터 온 권위를 힘입어 모든 사람이 충분히 이해할 수 있는 범주 내에서 말씀을 전하셨다. "예수께서 이 말씀을 마치시매 무리들이 그의 가르치심에 놀라니"[마태복음 7:28].

예수님께서는 말씀을 전하실 장소로 안전하고 아무런 방해도 받지 않는 야외를 선택하셨다. 왜냐하면, 하나님을 떠나 있는 사람들이 부담 없이 와서 듣고 배울 수 있어야 했기 때문이었다. "모든 세리와 죄인들이 말씀을 들으러 가까이 나아오니 바리새인과 서기관들이 수군거려 이르되 이 사람이 죄인을 영접하고 음식을 같이 먹는다 하더라"[누가복음 15:1-2]. 이러한 바리새인과 서기관들의 반응에 예수님께서는 아버지의 품을 떠나 방탕한 삶을 사는 자녀들을 향한 아버지의 마음에 대한 말씀을 들려 주셨다. 모든 사람이 하나님을 마음을 볼 수 있도록, 실제로 하나님을 신뢰한다는 것이 무엇인지 그리고 하나님의 나라가 그들의 삶에 임하도록 그들을 도우셨다.

성경에 기록된바 "모든 백성과 세리들은 이미 요한의 세례를 받은지라 이 말씀(예수님의 말씀)을 듣고 하나님을 의롭다 하되"[누가복음 7:29]. "이에 예수께서 무리와 제자들에게 말씀하여 이르시되, 무거운 짐을 묶어 사람의 어깨에 지우되 자기는 이것을 한 손가락으로도 움직이려 하지 아니하며"[마태복음 23:1,4]. 우리는 예수님께서 모든 백성과 무리, 즉 세리와 죄인들, 제자들과 바리새인들을 향해 말씀을 전하셨다는 것을 재차 볼 수 있다.

우리가 자기중심적인 생각을 하게 될 때, 우리(크리스천)는 무심코 바리새인들과 같이 행동하게 된다. 이는 우리가 하고 싶은 예배, 우리가 원하는 찬양, 우리가 듣고 싶어하는 설교를 추구하는 결과를 낳게 한다. 당신은 삶의 무게 때문에 힘들어하며 소망을 잃고 하나님으로부터 멀리 떠나 있는 사람들에 대해 생각해 본 적이 있는가? 그러한 사람들이 '있는 모습 그대로' 하나님의 은혜를 깨달을 수 있는 곳은 어디이며 어떻게 하나님의 은혜를 이해할 수 있는가? 우리가 예수님이 취하셨던 태도와 행동을 보이기 위해서는 사람들을 향해 '있는 모습 그대로 오십시오'라는 태도를 보여야 한다. 그래서 의심이 많은 사람, 회의론자, 죄인, 크리스천 같은 모든 부류의 사람들이 와서 '예수님의 도'에 대해 배울 수 있는 장소를 만들어야만 한다. 이는 당신이 다니는 교회의 소그룹 모임으로부터 시작할 수 있다.

예수님의 방법대로

예수님은 히브리 성서를 한 구절 한 구절 설명해가며 말씀을 전하신 적이 단 한 번도 없다. 주님은 하나님의 성품에 대하여 말씀하시며 사람들이 선하신 하나님을 신뢰하도록 권면하시고 격려하셨다. 우리가 알다시피 하나님께서는 모든 사람에게 선한 의도를 가지고 계신다[디모데전서 2:4]. 염려, 기도, 섬김, 욕망, 분노, 적대심, 기쁨, 결혼, 이혼과 같은 것들이 우리의 삶과 연관되어 있듯이 하나님의 뜻과 길도 우리와 긴밀하게 연결되어 있다. 예수님께서는 이에 대한 가르침을 사람들에게 전하셨다. 예수님의 관심은 오직 사람들이(그들이 세리, 죄인, 제자, 바리새인이건 상관없이) 하나님을 온전히 믿고 신뢰하도록 만드는 데에 있었다. 예수님께서는 그들이 먼저 하나님에 대한 신뢰의 발걸음을 내딛도록 했으며 무슨 일에든 하나님을 신뢰하고 그분의 뜻을 따를 때 모든 것을 더

하실 것이라고 그들에게 말씀하셨다[마태복음 6:33].

　　나는 개인적으로 성경을 한 구절 한 구절 깊이 있게 설명하는 것을 듣고 또 그렇게 가르치는 것을 좋아한다. 나는 말씀을 전하는 방법의 좋고 나쁨을 이야기하려는 것이 아니다. 다만 예수님께서 제자들에게 성경 말씀이 가지고 있는 미묘한 의미를 깊이 있게 가르치셨다고 믿기 때문이다(누가복음 24:27,44 마가복음 4:34은 이를 뒷받침한다). 이러한 예수님의 깊이 있는 가르침은 그분과 함께 사역할 수 있는 자로 준비시키기 위해 따로 마련한 장소에서 이루어졌다.

　　만약 당신이 다니는 교회의 예배와 말씀이 크리스천들을 위한 것이라면 이제는 예수님을 알지 못하는 자들이 '있는 그대로의 모습'으로 와서 예수님과 하나님에 대해 배울 수 있는 장소를 마련해야 한다. 이런 배움의 장소는 무엇보다 그들이 하나님을 알아가고 온전히 신뢰할 수 있도록 돕는 일에 초점을 맞춘 장소여야 한다. 이는 사람들이 성령님의 인도함을 받는 생명의 삶을 살도록 하기 위함이다. 하지만 하나님을 믿지 않는 사람들을 위한 공간과 예배를 마련한다는 것은 여전히 믿는 자들과 믿지 않는 자들에게 도전적인 문제일 수 있다.

　　'있는 모습 그대로 오십시오'라는 배움의 장소를 만들 방법들을 알아보고자 한다. 교회와 소그룹의 특성이 모두 다르므로 그 형태는 달라도 상관이 없지만, 기능은 같아야 한다. 믿지 않는 사람들이 거부감없이 편안함을 느낄 수 있는 장소로서 그들에게 친숙한 언어와 음악 또는 예술로 다가가야 한다. 그러나 이러한 방법들을 사용할 때 유념해야 할 것이 있다. 장르나 곡을 선택할 때 주님이 기뻐하는 것인지 아닌지 분별하여야 한다. 그들에게 편안한 자리를 마련하는 것은 그들이 믿음을 찾아가는 데 있어 더 이상의 장벽을 만들지 않기 위함이며, 삶에 대한 여러 질문과 어려움을 가지고 있지만 그럼에도 환영받는 사람이라는 것을 알게 하려는 것이다. 또한, 크리스천만 이해하고 크리스천에게만 호소력 있는 용어나 어투를 그들에게는 사용하지 않는다는 의미이기도 하다. 이는 그들이 듣기에 마치 외국어를 사용하는 것 같은 낯선 용어를 과감하게 버린다는 것을 뜻하며 하나님과 믿음에 대한 새로운 생각들로 인해 그들이 갖게 될 수도 있는 질문과 반감을 충분히 인정한다는 의미이기도 하다

이는 성경 말씀이 가지고 있는 진리를 희석하거나 왜곡시키는 것을 의미하지는 않는다. 단지 그들이 가지고 있는 질문과 생각들에 대해 고심해 볼 필요가 있다는 것이다. 그들의 생각은 이렇다. "하나님은 왜 이런 말씀을 하신 걸까?" "이 말씀이 가지고 있는 요점은 무엇일까?" "왜 하나님의 방법이 나의 방법보다 좋다고 하는 걸까?" "성경에 나오는 일들이 어떻게 실제로 일어날 수 있단 말인가?"

감격적인 예배

'있는 모습 그래도 오십시오'라는 배움의 장소를 만드는 한 가지 방법은 바로 우리가 드리는 예배 안에 있다. 당신이 섬기는 교회에는 믿는 자들과 믿지 않는 자들 모두를 고려한 예배가 없을 수도 있다. 그러나 가끔 예배에 약간의 변화를 주는 것만으로도 믿지 않는 자들이 믿음을 찾아갈 수 있는 안전한 곳(그들이 느끼기에)이 마련될 수 있다. 그리고 기존의 일반적인 예배를 대체할만한 예배, 즉 믿지 않는 사람들을 위한 예배를 준비하는 방법도 있으며 이외에도 그들이 거리감과 부담을 느끼지 않는 여러 가지 대안을 생각해 볼 수 있다. '있는 모습 그대로 오십시오'라는 배움의 장소(하나님에 대해 알아 갈 수 있는 곳)가 갖는 중요성과 가치에 대해 알아보도록 하자.

의심이 많은 자들도 환영합니다

게이트웨이 교회의 주일 예배는 수년에 걸쳐 많은 변화가 있었다. 그러나 신앙생활을 꾸준히 해 온 성도들이 도전받을 수 있는 요소와 영적인 여정을 위한 몇 가지 핵심적인 요소들은 그대로 남아 있다. 우리 교회는 사람들이 '믿음'이라는 것에 대해 회의적이고 의심이 많으며 답답해하고 있다는 것을 인정하며 그런 사람들이 교회에 오면 두 팔을 벌려 환영하면서 이렇게 말한다. "이 세상에 완전한 사람은 없습니다. 당신을 환영합니다." 사람들이 삶에 아무런 문제도, 인생에 대한 의문도, 죄도 없는 것처럼 행동하는 것은 영적으로 갇혀 있기 때문이다. 어느 교회이건 회의적이고 의심 많은 사람을 인정하고 환영하는 이 작은 변화를 시작할 수 있다.

사람들은 하나님을 찾기 위해 여러 교회를 거쳐 가기도 한다. 그들은 종종 자신들이 이 교회와 맞지 않는다고 생각하는데, 그 이유는 환영받는다는 느낌을 받지 못하기 때문이며 자신들이 가지고 있는 의심쩍은 생각이나 부정적인 생각들이 받아들여지지 않을 것이라고 생각하기 때문이다. 만약 그들이 환영받고 인정받는다고 느끼게 되면 그들은 교회에 머물면서 믿음을 찾아가는 여정을 하게 될 것이다.

기독교에 대해 의심이 많고 회의적이었던 크리스티는 다음과 같이 말했다. "나는 게이트웨이 교회에 온 첫날을 잊을 수 없습니다. 한 친구가 나를 교회로 초대했는데, 그날 테드 목사는 '게이트웨이 교회는 기독교에 대해 의심 많고 회의적인 사람들을 환영합니다'라는 제목으로 설교했습니다. 그때 '이 설교는 나를 위한 것이구나'라는 생각을 하게 되었습니다. 교회에 다녀야 할 필요가 있는 회의론자가 있다면 그것은 바로 '나' 자신이었습니다. 나는 남편과 계속해서 교회에 나오기 시작했고 친구들도 교회에 초대했습니다." 크리스티는 22명의 믿지 않는 친구들을 교회로 초대했고 그중 다수가 크리스티보다 먼저 믿음을 갖게 되었다.

반감을 인정하다

또 한 가지 중요한 사실은 사람들이 가지고 있는 의문이나 반감을 인정해야 한다는 것이다. 누구도 하나님을 완전히 신뢰하지는 못한다. 누구나 어느 정도의 반감은 가지고 있기 마련이다. 신앙생활을 오래 한 크리스천이라 할지라도 하나님에 대해 '하나님은 어떤 분이신가? 이것이 정말 하나님의 뜻인가? 왜 그렇게 하실까? 왜 이런 일이 일어났을까? 왜 이래야만 하는가?' 같은 의구심이나 반감이 들기 때문이다. 우리가 하나님에 대해 어떠한 의심이나 반감도 가지고 있지 않다면 모든 크리스천이 하나님의 뜻 가운데 하나인 십일조를 해야만 할 것이다. 그러나 안타깝게도 모든 크리스천이 다 십일조를 하지는 않는다. 왜 그런가? 우리가 하나님에 대해 전적으로 알지 못하기 때문이고 그분의 성품과 그분의 뜻과 그분의 방법과 길을 온전히 신뢰하지 못하기 때문이다.

걱정, 빚, 의사 결정, 인내, 직장에서 청렴하고 진실되게 행하기, 배우자 사랑하기, 힘든 경우에도 진심으로 사랑하기 등과 같은 문제들도 같은 맥락이라고 볼 수 있다. 대부분의 사람이 가지고 있는 여러 문제가 하나님을 온전히 신뢰하지 못하게 만든다. 그들이 가지고 있는 문제가 하나님보다 더 크다고 느끼기 때문이다. 사실, 이것은 믿는 자들과 믿지 않는 자들에게서 공통으로 발견되는 것이기도 하다. 게이트웨이 교회는 모든 성도들이 하나님의 성품과 그분의 뜻을 알아가고 그분의 방법과 길이 왜 더 좋은지 알아가도록 격려하고 일상에서 하나님을 신뢰하는 단계로 나아가길 권면하고 있다.

대부분의 교회에서 쉽게 만들 수 있는 변화는 믿는 자들과 믿지 않는 자들 모두가 의심이나 반감을 가지고 있음을 인정하는 것이다. 하나님에 대한 의구심이나 반감을 인정하는 것과 그러한 이야기를 꺼내는 것 자체가 믿음을 약하게 만들고 믿음의 행보를 역행하는 것이라 생각할 수도 있다. 그러나 의구심이나 반감을 인정할 때, 사람들은 그들이 가지고 있는 문제를 더 빨리 헤쳐나갈 수 있게 된다.

가장 중요한 것이 무엇인지 가르치라

게이트웨이 교회는 예배를 드릴 때 가치 있다고 여기고 고수하는 것이 있다. 그것은 삶에서 가장 중요한 것이 무엇인지를 성도들에게 가르치는 것이다. 이것을 한 번 생각해 보자. 매 주일 설교가 30분이라고 가정할 때, 교회에 꾸준히 나오는 사람이 1년에 설교 듣는 시간을 합치면 26시간이다. 1년에 26시간(또는 이보다 적은 시간) 분량의 말씀을 듣는 것으로 영적 영양분을 섭취하고 영적 무장을 하며 하나님의 뜻을 다 알 수 있을까? 사람들이 평균적으로 텔레비전을 시청하는 시간은 1년에 1,500시간 정도라고 한다. 우리 크리스천들도 예외는 아닐 것이다. 그렇다면 과연 우리의 영적인 무장은 어디에서 갖추어야 하는가?

주일 예배를 통해 듣는 말씀만으로 영적 영양분을 충분히 섭취하고 영적 무장을 할 수는 없다. 그러므로 제자도와 성경 말씀을 깊이 있게 배울 수 있는 곳이 반드시 필요하다. 예를 들면 소그룹 모임(속회)이나 매일 하는 말씀 묵상 또는 성경 공부반이 그것이다.

매 주일 예배 때 30분씩 듣는 말씀은 사람들이 삶에서 가장 중요한 것이 무엇인지 올바르게 인지할 수 있는 시간이 되어야 하며, 한 주 동안 더 깊은 믿음의 단계로 나갈 수 있도록 영적 영향력을 주는 시간이어야 한다. 그렇기 때문에 예배는 믿는 자들과 믿지 않는 자들 모두를 위해 '있는 모습 그대로 오십시오'라는 배움의 장소(하나님을 배우는 자리)가 되어야 하며, 인간의 본질적인 문제에 부딪히는 시간이 되어야 한다. 즉 하나님의 성품과 마음을 알아 가는 시간으로 예수님이 왜 하나님의 형상을 회복하는 길을 여셔야만 했는지 그리고 어떻게 여셨는지, 어떻게 성령님이 우리의 삶을 인도하시는지, 왜 우리가 성경 말씀을 묵상하고 믿어야 하는지, 기도는 어떻게 하며 왜 해야 하는지, 마음을 나눌 수 있는 공동체가 얼마나 중요한지에 대한 말씀이 전해져야 한다.

예술을 복음의 수단으로

서구 사회의 환경이나 상황을 생각해 볼 때, 예수님의 말씀을 상황화한다는 것은 무엇을 의미하는 것일까? 영화, 음악, 동영상이 사회에 가장 큰 영향력을 미친다는 것에는 의심할 여지가 없다. 이러한 것들은 마치 서구 사회에서 언어와도 같은 것이 되어 버렸다. 바울은 아테네(아덴)에서 그들의 시와 이방인 예언자의 말을 인용했고 철학자들과 토론을 벌이기도 했다. 당시 사람들에게는 토론이라는 것이 일반화되어 있었고 일상과도 같았다. 바울은 그들(이방인)의 시와 예언자의 말에 담겨 있는 진리를 발견하고 그것을 그들에게 알리는 가교 역할을 감당했다. 이처럼 우리 문화에서 큰 자리매김을 하는 영화, 음악, 동영상으로 하나님을 향한 우리의 갈망과 그분의 길을 사람들과 연결하는 것도 복음의 한 수단이 될 수 있다.

나는 유소년 축구팀 파티에서 라이언의 아빠인 데이비드와 나누었던 대화를 잊을 수 없다. 그가 우리 교회에 나오기 시작했을 때, 내게 이렇게 말했다. "당신들이 내가 좋아하는 음악을 망쳐 놓았습니다. 내가 좋아하는 노래를 들을 때마다 설교 말씀이 자꾸 생각나서 음악에 집중할 수가 없습니다. 나는 레니 크라비츠의 노래 중에 'Love Revolution'이라는 곡을 좋아하는데 그 노래를 듣고 있노라면 마치 하늘을 날아가는 듯한 느낌이 들기 때문이죠. 그런데 그 음악을 들을 때마다 목사님이 한 설교 말씀이 떠올라 온종일 말씀을 되뇌게 됩니다." 그렇다! 음악, 영화, 예술 안에 담겨 있는 진리에 대한 창조적 표현이 사람들의 생각뿐만 아니라 마음에까지 전달되며 사람들로 하여금 믿음을 향해 앞으로 나아가게 만든다.

악의 광대

　　라스베이거스에 있는 벌브 교회는 우리와 비슷한 형식의 예배를 드린다. 워렌은 벌브 교회를 방해할 목적으로 교회에 나오기 시작했다. 그는 라스베이거스의 한 공연팀에서 일하는 강경한 무신론자였다. 워렌은 혐오스러운 광대 복장을 하고 불을 내뿜으며 사람들에게 공포와 위협과 긴장감을 느끼게 하는 일을 했다. 벌브 교회가 새로 생겨난 것을 알게 된 그의 직장 동료가 워렌에게 그 교회에서 공포와 위협을 가해보는 게 어떻겠냐는 제안을 했다. 그는 동료가 제안한 것보다 더 아찔한 일을 계획하고 싶었다. 그래서 개척 초기에 이 교회를 완전히 붕괴시켜야겠다는 생각을 하기에 이르렀다.

　　그의 계획은 혐오스러운 광대 복장을 한 채 목사가 강단에 올라올 때까지 기다렸다가 갑자기 일어나 목사에게 아주 악독한 저주를 퍼부은 다음 그를 향해 의자를 던지고 성도들이 목사를 교회에서 내쫓게 하는 것이었다. 워렌은 자신이 계획한 잔혹한 방법을 떠올리며 그 누구도 다시는 교회에 나오지 못할 것으로 생각했다. 자신이 계획한 일을 실행하기 위하여 교회 로비로 들어섰을 때, 그는 당혹스러움을 감출 수 없었다.

　　워렌은 자신이 기대했던 사람들의 반응을 전혀 볼 수 없었다. 그는 자신을 이상한 눈으로 바라보고 판단하는 사람들의 모습을 찾아볼 수 없었던 것이다. 교회 사람들은 워렌을 아주 반갑게 맞이했다. 밴드가 찬양을 연주하기 시작하자 워렌은 들려오는 음악에서 동질감을 느꼈다. 유머와 재미가 가미 된 음악이었다. 그는 예수에 대한 말씀을 아주 흥미로워했고 말씀 일부를 이해하기도 했다. 예배가 끝났을 때, 워렌은 자신이 하려던 일을 까맣게 잊고 있었음을 깨달았다. 그래서 자신이 목적한 바를 이루기 위해 다음 주에도 그리고 그다음 주에도 교회에 나왔다.

벌브 교회의 담임 목사인 빈스는 다음과 같이 회상했다. "워렌이 교회에 나온 지 얼마 되지 않아 그와 대화를 나누게 되었습니다. 워렌이 3주 연속으로 예배에 참석하고 있다는 것을 알게 된 나는 그에게 '워렌, 설교 말씀이 다 똑같다고 생각되요?'라고 물었고, 그는 잠시 망설이더니 '네, 그런 것 같긴 합니다만... 아직 예수라는 분에 대해 잘 모르니까요.'라고 대답했습니다." 3월부터 9월까지 7개월에 걸쳐 워렌은 말씀을 듣고 성경 공부를 하면서 하나님이 어떠한 분이신지 깨닫게 되었다. 그리고 더 깊은 믿음과 영적인 단계로 나아가기 위해 크리스천 동료들과 믿음의 교제를 나누는 소그룹에 들어갔다. 그 후, 8개월이 지나 워렌은 교회를 붕괴시키려던 자신의 옛 자아를 십자가에 못 박았다. 그리고 세례를 받고 예수님을 따르는 제자의 삶을 시작했다.

인터넷 교회

로버트는 네덜란드에서 태어나고 자랐다. 직장 때문에 미국 오스턴으로 오게 된 그는 동료의 권면으로 게이트웨이 교회에 나오게 되었고 민음이 성장해 예수님을 구주로 영접했다. 로버트는 민음 생활을 하면서 직장 동료가 자신을 교회로 인도했던 것처럼, 다른 사람들을 전도하는 것에 대해 눈을 뜨게 되었다. 그는 네덜란드에 있는 15명의 믿지 않는 친구들을 게이트웨이 교회의 인터넷 예배에 초청했다. 그들은 매 주일 인터넷 예배를 드리고 난 후 함께 저녁 식사를 하며 미국에 있는 로버트와 스카이프(휴대전화 무료 인터넷 전화)를 통해 민음의 대화도 나눈다.

우리가 계획하지는 않았지만 이와 같은 일들이 전 세계에서 일어나고 있다. 1장에서 언급했던 브라이언과 에이미가 일자리를 찾아 떠돌아다니는 사람들에게 한 달에 한 번 데니스 레스토랑의 대형 TV 스크린을 통해 게이트웨이 교회의 예배 실황을 보여 주었는데, 이제는 매주 모이는 모임이 되었고 40명 정도였던 인원수도 100여 명으로 늘어났다. 한 여자 분은 뉴욕에 있는 믿지 않는 친구들에게 인터넷 예배를 시청하라고 권면했고 오후에 전화를 걸어 예배에 관해 이야기를 나눈다고 했다. 1장에 나왔었던 그렉을 기억하는가? 그는 호주의 시골 마을에서 돼지를 키우는 사람으로 목축업을 하는 몇몇 이웃을 자신의 집에 초대해 함께 인터넷 예배를 시청했다. 현재 그 지역에는 긴밀히 연결된 여러 개의 가정 교회가 세워졌고 재소자들과 그들의 가족들을 위한 사역을 하고 있다.

게이트웨이 교회에서 드리는 주일 아침 예배는 인터넷을 통해 술

집으로, 가정으로, 학교 강당으로, 아트 센터로, 리조트로 방송되고 있다. 당신이 섬기는 교회에 믿지 않는 사람들을 위한 예배가 마련되어 있지 않아 친구들이나 동료 또는 이웃들을 교회로 초대하기가 부담스럽다면 당신의 집에서부터 모임을 시작하는 것도 하나의 방법이다. 그들이 하나님을 알아가는데 거부감이 없어질 때쯤 교회로 인도하면 된다. 그들을 교회로 인도하는 것은 그들의 믿음이 성장하는 데 그리고 예수님의 제자가 되는 데 있어 대단히 중요한 일이다.

당신이 추동력 있는 관계를 형성해 갈 때, 이웃들과 이웃을 섬기는 과정에서 '있는 모습 그대로' 올 수 있는 곳, 다시 말해 부담이나 거부감 없이 예수님에 대해 듣고 배울 수 있는 곳으로 초대해야 한다. 그들을 초대할 때에는 되도록 식사를 할 수 있는 시간대에 약속을 정하고 웃음과 일반적인 대화를 나눌 수 있는 분위기를 조성해야 한다.

알파 코스 (Alpha Courses)

'있는 모습 그대로 오십시오'라는 배움의 장소가 갖는 기능과 역할은 같지만, 형태는 완전히 다른 '알파 코스'가 있다. 이 알파 코스는 세미나의 성격을 지녔다. 알파 코스는 참가자들의 생각과 마음을 사로잡아 그들에게 믿음의 기초를 다지게 하는 프로그램으로 유럽 여러 지역과 북미 지역에서 이미 그 성과가 입증되었다.

알파 코스란

알파 코스는 편안하고 친숙한 환경을 만들어 사람들에게 삶이 가지고 있는 의미가 무엇인지에 대해 깊이 생각할 기회를 제공하는 프로그램이다. 알파 코스는 총 10주로 구성되어 있고 일주일에 한 차례의 모임을 한다. 열 번의 모임 중에는 1박 2일의 야외 모임도 포함되어 있다. 모든 모임은 식사를 하는 것으로 시작하며 가벼운 대화와 그들이 배운 것을 토론하는 시간으로 이어진다. 토론 시간에는 자신이 가지고 있는 생각이나 의견을 말할 수 있다. 하지만 상대방의 어떤 의견도 적대적이거나 거북스럽게 여겨서는 안 된다. 일반적으로 다양한 배경을 가진 사람들, 다양한 종교를 가진 사람들, 다양한 관점을 가진 사람들이 참석한다. 그들은 하나님의 존재성에 대해, 삶에 의미에 대해, 사후 세계에 대해, 예수님이 말씀하신 것에 대해 의문을 가진 사람들이다.

어떤 이들은 종교라는 선을 넘어 자신의 삶을 변화시킬 수 있는 하나님과 친밀한 관계를 맺고 싶어한다. 또 어떤 이들은 알파 코스에서 만난 사람들과 친분을 쌓고 지속적인 관계를 유지하고 싶어 하기도 한다. 대부분의 참가자는 한 번도 교회라는 곳을 가본 적이 없으며, 교회를 가본 적이 있는 사람이라 할지라도 크리스천들이 말하는 믿음이라는 것이 무엇인지 이해하지 못하는 사람들이다. 알파 코스는 모든 사람을 환영한다. 사람들이 어떠한 모습과 어떠한 생각을 하고 있다 할지라도 말이다.

당신이 속한 네트워크가 어느 정도 성장했다면 '알파 코스'를 충분히 진행할 수 있다. 모든 구성원이 음악을 하는 음악가들로 구성된 한 네트워크는 커피숍에서 공연을 하기 시작했다. 그들은 공연을 마치고 난 후 유명 인사들이 한 말(대부분이 야고보서에 나오는 지혜의 말씀에 근거한 것들이다)을 가지고 서로의 생각과 의견을 나누는 '쿼트 스터디' 시간을 가졌는데 자연스럽게 영적인 의미에 대해 나누는 시간이 되었다. 그들은 자신들도 모르는 사이 믿음이라는 여정에 발을 내딛게 되었다. 이 모임은 공개된 장소에서 진행되었기 때문에 누구나가 참여할 수 있었고 많은 사람의 관심을 받는 모임이 되었다.

소그룹을 만들라

가정에서 하는 소그룹 모임이야말로 사람들에게 '있는 모습 그대로 오십시오'라는 배움의 장소를 자연스럽게 제공할 수 있는 곳이다. 모임의 리더는 분위기를 잘 조성하고 기본원칙을 세워야 하는데 이는 다수의 구성원이 한 사람을 비난하거나 공격 또는 분위기를 한쪽으로 몰아가는 일이 발생하지 않도록 하기 위함이다. 이런 일은 그룹 구성원들이 신학적으로 잘못된 누군가의 표현을 급하게 정정해 주려 하거나, 구성원들이 동시에 어떤 의문 사항에 대한 답을 주려 할 때 또는 구성원 중 누군가가 자신이 당하고 있는 어려움이나 역경을 나눌 때, 나머지 구성원들이 서로 무엇이 잘못되었는지 지적하고 고쳐주려 할 때 발생할 수 있다. 소그룹이 형성될 때 구성원 중에는 삶이 엉망인 사람들을 포함해 다양한 성향의 사람들이 있다는 사실을 숙지하고 그런 사람들을 잘 이해해야 한다. 그들은 옳지 않은 것을 말할 수도 있고, 잘못된 행동을 할 수도 있으며 어떠한 것에 대한 이해를 잘하지 못하는 어려움을 겪을 수도 있다. 그러나 이러한 문제들은 사람들이 소그룹에서 나눔과 섬김을 통해 깨닫고 배우는 과정에서 자연스럽게 해결될 것이다.

게이트웨이 교회가 세워진 초기에 나는 3명의 교인과 다양한 성향을 가진 9명의 초신자들로 구성된 소그룹을 이끌었다. 첫 모임에서 론이 손을 들더니 섀넌과 담배를 피우러 갔다 와도 되는지 물었다. 그러자 옆에 있던 폴이 말했다. "저도 담배를 피우지 않으면 뭔가에 집중하기가 어렵습니다." 그러한 상황에서 어떠한 결정을 내려야 할지 몰랐기 때문에 분별력을 구하는 기도를 할 수밖에 없었다. "주님, 저들에게 담배를 끊으라는 권면을 해야 할까요? 아니면 그냥 담배를 피우도록 놔두어야 할까요?" 가끔은 소그룹 구성원들이 하는 질문을 회피하고 싶은 마음이 들 때도 있었다. 그럴 때마다 나는 주님께 이렇게 묻곤 했다. "주님, 이것이 합당한가요? 괜찮은가요? 제가 보기에는 아닌 것 같거든요."

　우리가 이미 마태복음의 말씀을 통해 배웠듯이, 사람들이 그리스도 안에서 삶의 진정한 의미를 찾고 실제로 그리스도의 제자의 삶을 살아내는 데에는 시간이 필요하다. 나는 하나님께서 사람들의 죄와 허물과 상처를 씻어내시는 과정을 통해 하나님의 걸작품이 그 진면모를 드러내는 것을 많이 보아왔다. 소그룹 모임을 시작한 지 2년이 되었을 때, 모든 구성원은 예수 그리스도를 온전히 따르는 제자로 변화되어 있었다. 그들은 알코올, 마약, 흡연 중독을 이겨냈고 과거의 음란한 죄를 회개하고 치유 받았으며 위기에 처했던 결혼생활이 회복되었다. 그들 모두는 자신들이 가진 은사(재능)를 다른 사람들을 섬기는 데 사용했고, 이후 모두가 사역자의 길을 걷게 되었다. 그리고 그들 중 2명은 현재 우리 교회에서 사역하고 있다.

　당신이 이끄는 소그룹 또는 당신이 속한 소그룹이 사랑의 공동체가 되려면 그리스도께서 우리를 있는 그대로 받아 주셨듯이 서로를 있는 그대로 받아들여야 한다. 서로가 연약한 존재임을 인정하고 다른 사람들의 말에 귀 기울이고 그들의 견해와 관점을 이해하려고 노력해야 한다. 그리고 당신의 견해를 다른 사람들과 나누고 진실함과 온전함으로 성경 말씀을 받아야 한다. 이러한 사랑의 소그룹 공동체는 오래 지속되며 사람들을 믿음의 길로 인도한다. 예수 그리스도께서 우리에게 말씀하신 것 중에 가장 으뜸으로 지켜야 하는 것이 무엇인지 항상 기억해야 한다.

"너희가 서로 사랑하면 이로써 모든 사람이 너희가 내 제자

인 줄 알리라"[요한복음 13:35].

갈등에서 연합으로

더글라스와 로지는 애리조나에서 오스틴으로 이주해 왔다. 그들
은 하나님의 필요성을 전혀 느끼지 못하는 자유분방한 사람들이었다.
그러나 이들이 즐기는 난잡한 파티는 자신들의 결혼생활은 물론 자녀
들에게까지 좋지 않은 영향을 미쳤다. 어스틴은 그들에게 술을 끊고 새
로운 삶을 살아갈 것에 대해 그리고 자녀들을 위해 올바른 행실을 할 것
에 대해 여러 차례 권면하였다. 그러나 사업을 통해 얻은 막대한 부와 명
예가 그들의 삶에 생겨난 심각한 균열을 보지 못하게 가로막고 있었다.
어느 날 밤, 더글라스는 누군가가 자신을 교회로 초대하는 너무나도 생
생한 꿈을 꾸었다. 사실 그는 몇 년 전부터 하나님을 떠나 살고 있었다.
더글라스는 꿈속에서 누군가의 초대를 받아 교회에 갔는데 초청자가 다
음과 같이 물었다. "단순히 교회에 참석하는 것 말고, 이 교회의 일부
분(몸)이 되어 보시는 것이 어떻습니까?" 그 질문에 더글라스는 "네"라
고 대답했고 사람들로 가득한 찬 장소의 중앙 연단에 자신이 올라선 것
을 보았다.

더글라스의 한 직장 동료가 그에게 게이트웨이 교회의 소프트볼 팀에서 같이 경기를 하자고 했다. 더글라스는 그의 제안을 흔쾌히 수락했고 운동을 같이하게 된 사람들이 친절하다는 느낌을 받았다. 놀라운 것은 꿈에서 자신을 교회로 초대한 사람이 소프트볼 팀원 중 한 명이었다는 사실이다. 그리고 실제로 그 사람이 더글라스를 교회로 초대했다.

더글라스의 아내 로지는 무신론자이다. 그녀는 매우 복잡하고 혼란스럽고 불안정한 가정환경에서 성장했기 때문에 '이 세상에 하나님은 없다'는 것을 종교에 대한 최종 결론으로 삼고 살아왔다. 로지는 자녀가 다니는 유치원의 한 학부모와 친구가 되었는데, 어느 날 그녀가 '엄마들의 모임'에 로지를 초대했다. 로지는 다른 학부모들과 친분을 쌓아 갔고 그중 사만다를 비롯해 몇 명의 학부모들은 게이트웨이 교회를 다니고 있었다. 사만다는 로지를 교회로 초대했는데 공교롭게도 더글라스가 교회로 초대된 날짜와 같은 날짜였다. 로지는 사만다의 초대를 수락했지만, 사실은 사만다에게 상처를 주기 싫은 마음에서 그녀의 초대에 응한 것이었다.

더글라스는 교회에 가겠다는 결심을 한 상태였지만 로지는 여전히 고심하고 있었다. "로지, 이번 주 교회에 한 번 가보는 게 어때요? 가서 분위기가 어떤지 봤으면 좋겠어요." 더글라스가 아내에게 물었다. "당신이 그런 말을 하다니 재미있네요. 사실은 나도 사만다라는 친구가 다니는 교회에 가기로 약속했거든요." 로지가 웃으며 대답했다.

"안돼요! 난 이미 소프트볼 팀의 에릭과 잭에게 그들이 다니는 교회에 가겠다고 했어요." 더글라스는 사무적인 말투로 대답했다.

"나도 안돼요. 나도 이미 사만다와 약속했단 말이에요. 이번만큼은 당신이 나와 함께 가야 해요. 그 사람들과의 약속은 내게 아주 중요해요. 그들과 관계를 잘 유지하고 싶어서 교회에 가는 거란 말이에요."

"그렇다면 나는 어쩌란 말이오? 내 친구들이랑 한 약속은 중요하지 않단 말인가요?" 더글라스는 이 말을 하고 나서 무엇인가 잘못되어 가고 있음을 직감했다. 더글라스와 로지 부부의 갈등은 해결되지 않은 채 대화는 끝나 버렸다. 누구의 약속이 더 중요하고 어느 교회에 갈 것인지에 대한 다툼으로 인해 부부의 관계는 곤두박질하고 말았다. 교회에 가기로 약속한 주일이 되었음에도 그들은 여전히 이견을 좁히지 못하고 있었는데, 결국은 입담이 좋은 더글라스가 아내를 체념하게 만들었다.

더글라스와 로지가 탄 차가 교회 주차장으로 들어서는 순간, 로지는 터져 나오는 웃음을 참을 수가 없었다. "우리가 가는 교회가 게이트웨이 교회예요? 사만다도 이 교회에 다니거든요! 같은 교회를 두고 어느 교회에 갈지 싸웠다니 정말 재미있군요."

더글라스는 지난 일을 회상했다. "우리 부부는 서로 다른 두 가지 이유로 교회에 나가기 시작했습니다. 나는 하나님을 떠나 살았지만, 하나님께서는 나를 버리지 않으시고 항상 돌보고 있었다는 사실에 눈을 뜨기 시작했습니다. 그리고 게이트웨이 교회는 사람들이 자신들의 문제와 상처를 쏟아낼 수 있는 곳이라는 사실을 알게 되면서 하나님께서 그분 앞에 나오는 사람들 삶 가운데 어떠한 일을 행하시는 것을 볼 수 있었습니다."

로지는 다음과 같이 회상했다. "저도 계속 교회에 나갔습니다. 왜냐하면, 매 주 내게 필요한 말씀을 주셨기 때문입니다. 내가 듣고 싶은 말이 아니라 내게 필요한 말씀 말입니다. 그때까지만 해도 어떻게 해야 영생을 누리는 천국에 갈 수 있는지, 사람들 안에 거하시는 성령에 대해서는 전혀 관심이 없었습니다. 그러나 남편과 함께 성경에 있는 내용을 삶과 부부 생활에 적용하고부터는 예수라는 분이 우리의 삶에도 무엇인가를 행하고 있음을 깨닫게 되었습니다."

그로부터 4개월 후, 더글라스는 자신의 삶을 예수 그리스도께 드리기로 결단하기에 이르렀다. 하지만 로지는 여전히 망설이고 있었다. 더글라스는 그 당시를 회상하며 말했다. "어느 주일, 예배를 드리기 위해 교회에 왔는데 사람들이 조그마한 수영장 같은 데에서 세례를 받고 있었습니다. 제가 보기에는 그 물이 좀 지저분해 보였습니다. 저는 약간 빈정대는 말투로 아내에게 말했습니다. '여보, 오늘 세례를 받는 게 어때요?'"

"어쩌죠, 저 사람들만의 즐거움으로 남겨둬야 할 것 같은데… 오늘은 날이 아니거든요." 로지도 다소 조롱하는 듯한 말투로 대답했다. 그러나 하나님께서는 그날 예배를 통하여 로지의 마음에 강하게 임하셨고 얼마 후 그녀는 마음을 열어 예수 그리스도를 주님으로 영접하고 세례를 받았다.

"나는 내 눈으로 아내가 거듭나는 것을 보았습니다. 정말 놀라운 일이 아닐 수 없습니다. 그날 이후 하나님께서 우리 가족을 온전히 변화시키신 것을 생각하면 목이 메 옵니다." 더글라스는 자신을 교회로 초대한 형제가 있는 소그룹에 들어갔고, 로지는 '엄마들의 모임'에서 만난 자매들이 속한 소그룹에 들어가 더 깊은 믿음의 길을 걷고 있다. 이혼 직전에 있었던 더글라스와 로지의 부부관계는 예수 그리스도 안에서 거듭난 이후 완전한 회복을 이루었다. 현재 더글라스는 남성 소그룹을 이끄는 리더가 되었고 로지는 십 대 자녀들을 둔 엄마들을 이끄는 소그룹 리더가 되었다.

개개인을 제자화 시키는 소그룹과 결합된 '있는 모습 그대로 오십시오'라는 배움의 장소는 사람들이 하나님의 걸작품으로 회복되는 것을 볼 수 있는 곳으로서 예수님의 삶을 이해하는 데 매우 중요하다고 말할 수 있다. 교회가 세상 문화 속에서 일어설 수 있는 이유는 바로 소그룹이 주요한 역할을 하기 때문이다.

사실상 예수님께서는 소그룹 활동에 거의 모든 시간을 투자하셨다. '왜 예수님께서 그분의 핵심 전략으로 소그룹을 선택했을까?'하는 것을 이해하게 된다면, 우리는 다음 단계로 나아갈 수 있게 된다.

QUESTIONS AND ACTIONS

1. 묵상 포인트

믿지 않는 사람들이 믿음을 찾아가게 하려면 과연 그들을 어디로 인도해 가야 하는가?

당신이라면 사람들을 어디로 데려가겠는가? 그들은 어디에서 예수 그리스도를 알고 배우고 닮아갈 수 있는가? 혹시 그들을 데려갈 곳이 마땅치 않은가? 그렇다면 당신의 믿음 생활을 점검해 보아야 한다.

2. 실천 포인트

믿지 않는 사람들이 믿음을 발견할 수 있는 곳(당신이 속한 소그룹)이 있다면, 이번 주에 두세 사람 정도를 초대해 보기 바란다. 그들이 거절하거나 머뭇거린다 할지라도 낙심할 필요가 없다. 일반적으로 다섯 번에서 일곱 번 정도 초대를 해야만 그들의 마음이 동할 것이다.

예수님의 사역에 동참하는 우리의 자세
On mission with Jesus

Chapter 5

세상을 변화시킬 자를 세우는 자

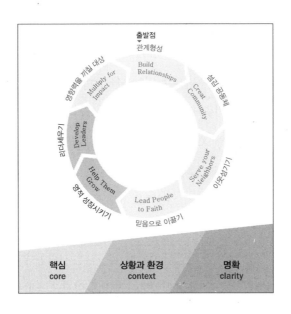

예수님께서는 세상을 변화시키고자 하는 원대한 계획을 가지고 계셨다. 그리고 그 계획의 시작은 사람들의 필요를 채우고 돕는 일에서 부터 시작되었다. 예수님께서는 열두 제자와 함께 강력하고 거대한 파도와 같은 영향력을 발휘할 수 있는 작은 움직임에 초점을 맞추셨다. 예수님이 사람들을 만나셨던 상황에서 보았듯이, 주님께서 1년 동안 한결같이 하신 말씀은 "와서 보라"[요한복음 1:39]였다.

사람들은 예수님의 가르침을 듣기 위해 모여들었고 예수님께서는 천국 복음을 전하시며 자신을 따르라고 말씀하셨다. 우리는 먼저 예수님이 가지고 있었던 원대한 계획, 즉 사람들이 깊은 영적 뿌리를 내릴 수 있도록 돕는 계획이 예수님에게 있었음을 알아야 한다. 예수님께서는 말씀을 들으려고 산기슭에 모인 수천 명의 사람들이나 회당에 모인 수백 명의 사람들의 삶에 오래 지속될 수 있는 강한 권능이나 영향력을 보이시지는 않으셨다. 대신 사람들과의 개인적인 관계를 통해 그 영향력을 나타내셨다. 이것은 마치 운동력을 가진 하나의 물 분자가 다른 많은 물 분자들과 부딪혀 엄청난 에너지를 만들어 내는 것과 같은 이치이다. 하나님의 사랑을 가진 한 사람이 주위에 있는 다른 사람들에게 하나님의 사랑을 보여주면 이들이 서로 연합하여 세상에 엄청난 영향력을 미치게 된다. 예수님은 제자들을 개인적으로 만나서 제자로서의 삶을 살아가도록 부르셨다. 그리고 그들을 모아 열두 명으로 이루어진 소그룹을 형성하시고 세상을 변화시킬 자들로 준비시키셨다.

네트워크 안으로 들어 온 사람들은 네트워크 안의 문화와 분위기에 따라 믿음이 성장하게 된다. 이러한 점에 있어서 믿음의 성장을 지속적으로 이룰 수 있는 소그룹으로 사람들을 연결하는 일은 매우 중요하다. 또한, 네트워크 구성에 있어 핵심이 되는 리더, 부리더, 소그룹 리더가 반드시 세워져야 한다. 앞으로 살펴보겠지만, 누구나 다 누군가의 믿음을 성장시키는 사람이 될 수 있다. 그러나 이러한 일이 가능하게 되려면 그리스도를 따르는 자들이 사람들을 영적으로 성장하도록 돕는 일에 시간과 열정을 투자해야만 한다. 이에 관한 것은 더글라스와 로지의 이야기를 다시 거론할 때 다룰 것이다.

브랜든은 스스로의 힘으로는 도저히 헤어나올 수 없는 절망감에 빠져 있었다. 그는 자신이 하는 모든 일에 있어서 성공을 거두어 왔다. 모든 면에서 최고가 되고 싶어 했던 그는 아내 엘리의 석사학위 취득을 위해 오스틴으로 이주했다. 이와 맞물려 GE(General Electric)사와 연결된 사업 기회는 전망이 무척이나 밝아 보였다. 그러나 새로이 시작한 사업은 모든 파멸의 원인이 되고 말았다. '사업을 달리 운영했었더라면 이렇게 되지 않았을 텐데... 엘리가 어떻게 나에게 이럴 수 있지? 어떻게 날 버리고 떠날 수 있단 말인가?' 후회와 절망이 브랜든의 머릿속에서 떠나지 않고 깊은 상처를 남기고 있었다.

브랜든은 고통에서 벗어나고자 이혼자를 위한 치유사역 단체를 찾아보았다. 그는 치유사역 단체에서 주관하는 10주 동안의 치유 프로그램을 통해 예수님을 알게 되었다. 절망의 끝에 서 있던 그는 그리스도 안에 있는 소망의 빛을 발견하고 믿음의 발걸음을 내딛기 시작했다. 브랜든은 그곳에서 커비를 만났는데 그는 10명의 구성원으로 된 소그룹을 이끄는 리더였다. 어느 날, 브랜든은 커비로부터 소그룹에 들어오라는 제안을 받았고 그들과 함께 믿음의 길을 걷기로 마음먹었다. 1년 동안의 소그룹 모임과 활동은 브랜든이 예수 그리스도를 인격적으로 만나는 경험을 가능하게 했다. 그리고 얼마 후, 그는 다른 구성원들과 함께 세례를 받게 되었다.

브랜든이 속해 있던 소그룹은 리트릿을 통해 각자의 삶을 나누며 서로 유대감을 형성해 갔고 서로의 꿈과 소망을 위해 중보기도를 함으로써 믿음의 결속을 다져 나갔다. 그해 그들은 게이트웨이 교회의 '모프'(Morph)라는 집중 영성 프로그램에 참여하였고, 함께 이웃을 섬기는 일에 동참하였으며 귀납적 방식으로 골로새서 말씀을 배워가면서 성령님과 동행하는 방법, 그분과 친구가 되는 법을 알게 되었다.

다음 해, 커비는 구성원들에게 예수님이 어떻게 자신의 시간과 노력을 소그룹에 투자하셨는지 가르쳤고 그들에게 예수님께서 하신 일과 동일한 일을 할 것을 권면했다. 커비는 구성원들 모두에게 하나님께서 어떤 사람이 영적 리더가 되기 원하시는지 기도해 보라고 했다. 그러나 브랜든은 다른 사람은 몰라도 자신이 소그룹의 영적 리더가 되는 것을 생각해 본 적이 없었다. 커비는 자신 없어 하는 브랜든에게 용기를 북돋

우며 말했다. "브랜든, 걱정하지 말아요. 내가 소그룹 이끄는 법을 가르쳐 줄게요. 기도하세요. 그러면 나머지는 주님께서 알려 주실 겁니다." 얼마 후, 브랜든은 새로운 소그룹을 맡게 되었고 곧이어 더글라스가 구성원으로 합류했다. 브랜든의 소그룹에서 더글라스는 진정한 삶의 변화가 일어나기 시작했다.

준비된 자로 부르셨다

믿음의 행보를 하는 1년여 동안, 사람들은 예수님이 어떠한 분이신지 주의 깊게 관찰하고 믿음에 이르게 된다. 그렇다면 예수님께서 어떠한 일을 하셨는지 주목하여 보자. 예수님께서는 많은 사람들을 섬기고 돕고 가르치셨지만 특히, 소수의 사람에게만 집중해서 제자로 준비시키셨다. "나를 따라오라 내가 너희를 사람을 낚는 어부가 되게 하리라 하시니"[마태복음 4:19]. 예수님의 제자들이 부름을 받았을 때, 그들은 아직 제자로서의 준비가 된 상태는 아니었다. 예수님께서 제자들을 부르시고 난 후, 집중적으로 하신 일은 바로 그들을 사람을 낚는 어부로 준비시키는 일이었다. 만약 당신이 세상에 큰 변화를 가져오길 원한다면 당신의 시간과 노력을 소수의 사람에게 집중적으로 투자해야 한다. 이 전략이 바로 예수님께서 사용하셨던 방법이다.

'예수님께서는 왜 첨단 기술이 발전한 이 시대에 오시지 않았을까'

라고 생각해 본 적이 있는가? 페이스북(Facebook)을 통해 강력한 말씀을 모든 사람에게 전할 수도 있고, 전 세계로 방영되는 TV 채널이나 유튜브를 통해 사역하실 수도 있는데 말이다. 그러나 성경은 다음과 같이 말하고 있다. "기약대로(the right time)"[로마서 5:6]. 예수님께서는 세상을 변화시킬 방법으로 사람들을 개인적으로 만나는 것을 선택하셨다. 왜냐하면, 예수님께서 전하신 말씀의 핵심은 바로 '관계'에 관한 것이었기 때문이다.

예수님이 성령의 인도 하심을 따라 전하신 말씀의 핵심은 '사랑의 하나님'이다. 예수님은 항상 성령의 인도 하심을 받았다. 이는 예수님만이 완전한 방법으로 다른 사람을 사랑할 수 있게 우리를 이끄실 수 있다는 것을 의미한다. 사랑은 오직 사람을 통해 사람에게로 그리고 또 다른 사람에게로 계속 전이되고 전달될 수 있다. 이렇듯 하나님께서는 다른 사람들을 통해 우리 안에 있는 하나님의 걸작품을 회복시키신다. 그리고 다른 사람들의 내면에 있는 하나님의 걸작품을 회복시키는 일에 우리의 시간과 노력을 투자하라고 우리를 부르신다. 예수님이 그렇게 했던 것처럼 우리는 일대일 관계 속에서 더 큰 영향력을 끼칠 수 있다. 예수님께서는 개인적으로 만난 소수의 제자를 한데 모아 집중적으로 시간과 노력을 투자하셨다. "이에 열둘을 세우셨으니 이는 자기와 함께 있게 하시고 또 보내사 전도도 하며"[마가복음 3:14]. 예수님께서는 제자들과 많은 시간을 보내시며 관계를 형성(관계 형성을 통해 제자들의 영적 변화를 이끄셨다)하셨고 동시에 그들을 사람을 회복시키는 자로 보내기 위해 준비시키셨다. 우리에게 영적인 변화가 일어나는 것도 중요하지만 다른 사람들에게 영적인 변화가 있도록 영향력을 끼치는 것도 매우 중요하다.

예수님께서는 자신을 따르겠다고 한 열두 명의 사람을 제자로 부르셨고, 1년여 동안 그들을 하나님과 동행하는 자로 훈련시키셨다. 예수님께서는 그들을 사랑으로 품으시고 사랑의 사람이 되게 하셨다. 그리고 제자들을 자신이 하는 일과 동일한 일을 행할 수 있는 자로 준비시키셨다.

의도성 그리고 믿음의 전이

영적 성장의 본질을 이해하는 것은 매우 중요하다. 사람들은 믿음의 계절을 거치면서 영적인 성장을 하게 된다. 게이트웨이 교회는 믿음의 계절(Seasons of Faith)을 다음과 같이 분류한다. 믿음을 발견하는 계절, 믿음이 성장하는 계절, 믿음이 무르익는 계절. 각 계절을 거치는 동안 사람들은 더 깊은 영성을 갖게 된다. 믿음을 발견하는 기간에는 사랑의 하나님 안에 거해야만 믿음의 성장을 할 수 있다. 이 시기에도 열매는 맺긴 하나 무르익는 시기에 있는 사람들이 맺는 열매와는 다른 열매를 맺게 된다. 한 가지 중요한 사실은 사랑의 하나님 안에 거하는 자, 그리스도의 길을 가는 자의 영적 성장은 절대 멈추는 법이 없다는 것이다.

8명~15명으로 구성된 소그룹에서 리더는 각 구성원의 믿음이 어느 단계(계절)에 와 있는지 파악해야 하며 소그룹 또한 개인과 마찬가지로 믿음의 계절(단계)을 거친다는 것을 알아야 한다. 처음 소그룹이 형성되면 믿음을 발견하는 단계에 있는 사람들을 포함한 모든 구성원은 믿음을 찾는 여정을 하게 된다. 믿음의 발견하는 단계에 있는 소그룹이 가장 중요하게 여겨야 할 사항은 자신들의 소그룹이 '사랑의 공동체'라고 인식하는 것이다.

　　만약 믿음의 계절에 있는 소그룹 구성원들이 같이 먹고 마시고 웃는 가운데 서로가 존귀한 존재인 동시에 연약하고 상처받기 쉬운 존재임을 깨닫는다면, 소그룹은 오랫동안 지속될 수 있으며 모두가 깊은 영적 성숙의 단계로 들어갈 수 있을 것이다. 그러나 처음부터 너무 깊은 영성을 추구하려 한다거나 서로를 알아가는 시간, 즐거운 시간을 함께 보내지 않는다면, 장담하건대 이러한 소그룹은 1년 이상 지속되지 못할 것이다. 또한, 사랑의 공동체로서의 모습을 갖춘 소그룹이지만 독서모임 형태로 운영된다면 그 구성원들의 영적인 성장은 기대할 수 없을 것이다.

　　대부분의 소그룹 구성원들이 '믿음이 성장하는 계절'에 들어갈 준비가 되어 있다면, 그들이 의도성 있고 전파력 있는 자가 되게 해야 한다. 의도성과 전파력은 예수 그리스도의 제자가 되는 데 있어서 아주 중요한 요소라 할 수 있겠다. 예수님께서는 열두 제자에게 확고한 뜻을 가지고 영적인 무장에 전념할 것을 말씀하셨다. "나를 따라오라 내가 너희로 세상을 변화시키는 자가 되게 하리라"[마태복음 4:19 참조]. 즉, 제자들을 영적으로 준비시키겠다는 주님의 의도와 의지가 담겨있다. 이 단계에서 소그룹 리더는 구성원들에게 기대와 소망을 품고 믿음이 성장하는 영적 성숙의 계절로 들어갈 것을 권면해야 하며, 그들이 '믿음이 성장하는 계절'로 들어갈 준비가 되어 있는지 살펴야 한다.

영적인 성숙에 초점을 두어야 하는 소그룹 구성원들이 F.A.S.T (Faithful, Available, Spirit-filled, Teachable)인지 확인함으로써 그들이 준비된 자인지 아닌지 알 수 있다.

Faithful(신뢰): 신뢰가 가는 사람인가? 구성원의 언행일치를 보고 그 사람의 신뢰성을 판가름한다.

Available(시간 가용): 매주 모임에 참석할 수 있는 자인가? 때때로 많은 업무나 개인적인 여러 가지 일은 소그룹 모임과 섬김 그리고 영적 성숙에 지장을 줄 수 있다. 이럴 경우, 리더는 그 구성원에게 주님을 따르는 데에는 대가 지불이 있어야 하며 헌신이 있어야 함을 일러주어야 한다.

Spirit-filled(성령 충만): 성령님과 동행하며 하나님께 순종하는가?

Teachable(가르침): 그리스도의 길을 배우고 가려는 노력과 갈망이 있는가? 이것은 다른 사람들을 가르칠 수 있는 리더의 자질이 있는지 보기 위함이다.

예수님께서 열두 명을 그분의 제자로 부르시기 전, 밤새도록 기도하셨다는 것을 명심해야 한다[누가복음 6:12-13]. 구성원들을 예수님의 제자로 부르기 전에 충분히 기도하는 시간을 가져야 한다. 그 후에 구성원들을 일대일로 만나 제자의 삶을 권면하며 그들이 F.A.S.T인지 확인하는 과정을 거쳐야 한다. '믿음이 성장하는 계절'에서 사용할 수 있는 '제자 훈련' 과정은 여러 종류가 있다. 제자훈련 과정이 한 가지 방법으로만 규정된 것이 아니기는 하나 주목해서 봐야 할 원리와 원칙이 있다. 그것은 우리가 예수님에게서 발견할 수 있는 지식(Knowledge), 관계(Relationships), 실천(Practices)의 3차원적인 교육과정을 말한다. 나는 지난 수년 동안 지식에 초점을 맞춘 여러 종류의 제자훈련 프로그램을 사용해 보았다. 훈련생들에게 지식적으로는 도움이 되었지만 사랑의 사람, 생명을 주는 삶, 사람들 간의 관계에서 대립과 갈등을 해결하는 자로서의 성품을 갖추는 데에는 소홀한 면이 있었다.

어떤 제자훈련 프로그램을 사용하든 '믿음이 성장하는 계절'에 있는 자들이 '믿음이 무르익는 계절'의 단계로 가도록 인도할 수 있는 프로그램을 선택하는 것이 좋다. 다시 말해, 예수님의 제자가 된 사람이 다른 사람들을 제자의 길로 인도할 수 있는 프로그램이어야 한다는 것이다.

브랜든은 소그룹 리더인 커비 그리고 다른 구성원들과 함께 제자훈련 과정(Morph_모프)을 수료했다. 그리고 새로운 소그룹의 리더가 되어 커비가 했던 일과 동일한 일을 행했다. 15명의 남성으로 구성된 브랜든의 소그룹은 대부분 믿음이 없는 초신자들이었다.

커비의 조언을 받으며 소그룹을 이끌어 가던 브랜든은 더글라스와 다른 3명만이 F.A.S.T에 합당한 사람이며 나머지 사람들은 다음 단계의 계절로 들어가기에는 다소 어려움이 있음을 알 수 있었다. 브랜든은 더글라스와 다른 3명의 구성원을 소그룹에서 떼어내어 제자훈련 코스인 Morph(모프)를 수료하기 위한 영적 러닝파트너로 묶어 주었다. 제자훈련을 마친 후에도 그들은 영적 러닝파트너로 지내며 서로를 중보하는 믿음의 동역자가 되었다. 그리고 몇 년이 지난 후, 이들 중 3명은 다른 사람들을 영적으로 이끄는 Morph(모프) 과정의 리더가 되었다.

다른 사람들을 예수님의 제자로 이끄는 데 필요한 믿음의 전이는 예수님의 제자에게 필수적이다.

모프(Morph)

제자훈련 프로그램은 헤아릴 수 없이 많이 있다. 하지만 이 프로그램을 통해 얻으려는 결과는 몇 가지로 함축된다. 게이트웨이 교회의 제자훈련 프로그램인 Morph(모프)는 하나님을 사랑하는데 그 목적을 두고 있다. 제자훈련 과정에 있는 사람들, 그들은 하나님을 사랑한다는 의미를 제대로 알고 있는가? 그들은 하나님의 성품과 그분의 선하심을 이해하고 있는가?

그들은 매일 성경 읽는 습관을 들여 하나님에 대해 점점 더 많이 알아 가는가? 그들은 하나님을 최우선 순위에 놓는 데에 방해되는 것들을 알고 있는가? 제자훈련을 받는 사람들에게 그들의 깊은 갈망이 무엇인지 이해하는 데 도움을 주지 못한다면, 그들은 자신도 모르게 삶에서 우상(돈, 명예, 권력 등)을 쫓게 될 것이며 하나님에 대해서는 가식적인 태도를 보이게 될 것이다. 제자훈련 과정에 있는 사람들에게 그들이 원하는 것(성공, 재미, 돈, 결혼 등)과 그들의 속사람이 원하는 것 그리고 하나님께서 그들에게 원하는 것(성공이 아닌 안위, 재미가 아닌 기쁨, 돈이 아닌 자족(만족), 단순히 결혼이 아닌 사랑)이 무엇인지 심사숙고할 수 있도록 그들을 도와야 한다.

제자훈련을 받는 자들은 '사람을 사랑한다'는 진정한 의미가 무엇인지 알고 있는가? 예수님께서는 '사람들을 사랑하지 않는 것은 하나님을 사랑하지 않은 것'이라고 말씀하셨다.

대부분의 영성훈련(제자훈련) 과정은 훈련생들을 '사람을 세우는 자'로 준비시키는 데에는 실패한다. 다시 말해, 다른 사람들을 판단하고 비방하는 자가 아니라 사랑받는 존재임을 알도록 돕는 자로 만드는 데에는 소홀하다는 것이다. "누구든지 하나님을 사랑하노라 하고 그 형제를 미워하면 이는 거짓말하는 자니 보는바 그 형제를 사랑하지 아니하는 자는 보지 못하는바 하나님을 사랑할 수 없느니라 우리가 이 계명을 주께 받았나니 하나님을 사랑하는 자는 또한 그 형제를 사랑할지니라"[요한일서 4:20-21]. 우리가 배우는 제자도가 '사랑의 사람'을 만들지 못한다면 그 제자훈련은 뭔가 잘못된 것이다.

제자훈련을 받는 사람들은 그리스도 안에 거하는 법을 알고 있는가? 그래서 그들은 성령의 열매를 맺는가? 예수님께서는 다음과 같이 말씀하셨다. "나는 포도나무요 너희는 가지라 그가 내 안에, 내가 그 안에 거하면 사람이 열매를 많이 맺나니 나를 떠나서는 너희가 아무것도 할 수 없음이라"[요한복음 15:5]. 예수님의 말씀이 진리라면, 사람들에게 '그리스도 안에 거하라' 또는 '성령님과 동행하라'라고 가르치는 것은 아주 중요하고 핵심적인 것이라 할 수 있다. 이보다 더 중요한 것이 있을 수 있겠는가! 사람들에게 성경 읽기와 기도, 금식과 십일조, 그리고 다른 사람을 섬기도록 가르치지만 그리스도 안에 거하는 것과 의의 길을 가는 것을 가르치는 데에 실패한다면, 지금까지 우리가 한 일은 아무런 의미가 없게 된다.

제자훈련을 받는 자들은 그리스도의 몸이 되는 법을 알고 있는가? 교회는 예수님의 몸이다.

그러나 대부분의 사람은 자신들을 상호의존적이고 하나님께서 주신 은사로 함께 일하는 그리스도의 지체임을 인식하지 못한다. 그러므로 그들에게 주어진 시간과 은사, 재정을 하나님과 그분의 몸 된 지체들과 연합하는 기회의 산물로 여기도록 도와야 한다.

릭 쇼츠와 쉐릴린 빌라리어는 Morph(모프)라는 3차원적 영성훈련 (제자훈련) 프로그램을 개발했다. Morph(모프)는 4단계로 이루어진 8주 코스의 프로그램이다. '하나님 사랑하기', '사람들 사랑하기', '성품 함양', '그리스도의 몸 된 지체되기'.

예수님께로

웨이드는 자신의 삶과 생각과 느낌을 낯선 사람들 앞에서 나누는 것이 부담스럽고 싫었다. 그의 아내가 네트워크 구성원들로부터 소그룹에 들어오라는 권유를 계속해서 받고 있었기 때문에 웨이드는 어쩔 수 없이 아내와 함께 릭이 이끄는 소그룹에 참여하게 되었다. 게이트웨이 교회의 '영적 혁명'이란 프로그램은 60일 동안 그리스도 안에 거하는 삶을 배우는 과정으로 웨이드는 이 60일 동안의 실험을 하면서 예수님을 아는 믿음에 이르게 되었다. 이후 릭이 이끄는 소그룹은 Morph(모프) 영성훈련에 첫발을 내디뎠다. 그리스도의 몸 된 지체가 되는 과정인 Morph(모프)를 이수하는 동안 리더인 릭은 그리스도의 제자로 거듭나는 소그룹 구성원들에게 하나님께서 그들을 통해 누구에게 예수 그리스도의 복음을 전하길 원하시는지 기도해 보라고 했다. 웨이드가 한 번도 이러한 기도를 해 본 적이 없다고 말하자 릭은 웨이드에게 간단하게 기도하는 법

을 알려 주었다. '하나님, 나를 통해 예수 그리스도께로 인도하길 원하는 사람이 누구인지 알려주세요'

두 주일 후, 웨이드는 굉장히 들뜬 마음으로 Morph(모프)에 참석했다. 웨이드는 지난 수년 동안 한동네에 사는 친구들을 만나 담배를 피우며 스포츠 경기를 보고 인생사는 이야기를 나누어 왔다. 그러던 그가 믿음이 들기 시작하면서 스스로 담배를 끊었다. 그렇지만 친구들과의 만남은 계속 유지했고 그들에게 사랑의 모습을 보여 주었다. 그는 자신의 친구들이 예수님을 만나 생명의 길을 가도록 그리스도의 영향력을 끼치는 소망의 삶을 살기로 마음먹었다.

웨이드의 친구들은 그의 삶에 변화가 있음을 알아차리기 시작했고, 나중에는 그리스도께 헌신한 웨이드를 진심으로 존경한다고 말했다. 하나님께 누구를 전도하길 원하시는지 묻는 기도를 드리고 난 며칠 뒤, 모임에 온 한 친구가 그에게 물었다. "이봐 웨이드, 자네가 담배를 끊었다는 것은 알지만 왜 끊었는지에 대한 얘기는 한 번도 안 했어. 건강 때문인가?" 웨이드는 그 친구의 질문을 하나님의 사인으로 받아들였고 다소 흥분된 마음으로 자신이 60일 동안 그리스도 안에서 거하는 실험을 하게 된 것과 이후 하나님께서 자신의 삶에 행하신 일들을 들려주었다.

한 친구가 말했다. "웨이드, 자네 말을 듣고 나니 우리도 그 프로그램에 참여해 보고 싶은 마음이 생기는군." 웨이드는 소그룹 모임에서 이와 같은 사실을 나누며 말했다. "정기적으로 만나는 친구들을 데리고 하나님이 어떤 분이신지 가르쳐 주고 그분의 음성을 듣고 그분의 말씀에 순종하는 삶을 살아가도록 할 겁니다. 아주 흥미진진한 일이 될 거예요."

부르심의 자리

새로이 그리스도의 제자가 된 사람들을 다른 사람을 세우는 리더의 자리에 서게 하기까지 너무 오랜 시간이 걸리는 교회가 많다. 그러나 믿음이 성장하는 기간이 너무 길어지게 해서는 안 된다. 2년~3년 정도의 믿음이 성장하는 시간을 보낸 후에도 다른 사람의 영적 성장을 돕고 세우는 자리에 있지 못한다면 그들의 믿음은 제자리걸음을 하게 될 가능성이 크다. 믿음을 발견하는 시간을 거쳐 제자훈련과 같은 영적 성숙을 위한 프로그램 수료(의도적 영적 성장)를 통해 믿음이 성장하는 시간을 충분히 보냈다면 이제는 다른 사람들에게 자신이 지나온 길로 안내해야 하는 시점에 온 것이다. 다시 말해, 그들은 믿음이 무르익는 계절로 들어가야 한다는 뜻이다.

1년 동안 열두 제자에게 집중적인 제자훈련을 시키신 예수님께서 제자들을 세상으로 보내시며 다음과 같이 말씀하셨다. "예수께서 이 열둘을 내보내시며 명하여 이르시되 이방인의 길로도 가지 말고 사마리아인의 고을에도 들어가지 말고 오히려 이스라엘 집의 잃어버린 양에게로 가라 가면서 전파하여 말하되 천국이 가까이 왔다 하고 병든 자를 고치며 죽은 자를 살리며 나병 환자를 깨끗하게 하며 귀신을 쫓아내되 너희가 거저 받았으니 거저 주라"[마태복음 10:5-8]. 마태는 예수님의 제자가 되기 1년 전까지만 해도 세리였다. 또한, 놀기 좋아하고 부도덕하며 악명 높기로 소문난 친구들과 함께 있는 것을 즐기던 자였다. 그러나 1년 후, 예수님은 마태에게 권능을 주시고 세상으로 보내시며 자신이 행했던 일을 행하라고 말씀하셨다.

"예수께서 친히 세례를 베푸신 것이 아니요 제자들이 베푼 것이라"[요한복음 4:2]. 예수님의 파송을 받은 후, 1년 6개월 동안 제자들은 사람들에게 세례를 베풀고, 기도해 주며, 병을 고치고 예수님의 말씀을 가르쳤다. 예수님은 제자들을 파송한 후에도 그들을 지도하시며 도우셨다. "집에 들어가시매 제자들이 조용히 묻자오되 우리는 어찌하여 능히 그 귀신을 쫓아내지 못하였나이까 이르시되 기도 외에 다른 것으로는 이런 종류가 나갈 수 없느니라 하시니라"[마가복음 9:28-29]. 제자들의 사역이 성공하는 경우도 있었지만 반대로 실패하는 경우도 있었기 때문에 예수님은 제자들의 사역을 지도하고 돌봐 주셨다.

당신의 과거가 어떠했든 간에 성령님의 인도 하심을 따라갈 의지와 예수님의 제자가 될 결단만 있다면 당신도 강력한 사역을 할 수 있다. 이것은 당신의 노력으로 이루어지는 것이 아니라 하나님의 능력으로 되는 것임을 기억해야 한다. 예수님께서는 이미 당신에게 다른 사람들을 그리스도의 제자로 세우는 사역을 할 수 있는 권능을 주셨다고 말씀하신다. 당신이 그리스도의 제자로서 준비를 마치게 되면 사역을 할 수 있는 권능을 받은 것이라 할 수 있다.

그러나 당신은 여전히 무능하다고 느낄 수 있고, 무엇을 해야 할지 모르겠고, 선한 것이 하나도 없다고 느낄 수도 있다. 이러한 생각을 하는 당신에게 한 가지 말해 주고 싶은 것이 있다. 그것은 우리도 처음 사역을 시작할 때 당신과 동일한 생각을 했다는 것이다.

내가 대학교에 입학했을 때, 스캇 스미스가 나와 내 친구 캔을 성경 공부 소그룹에 초대했다. 그 당시 나는 2년 차 크리스천이었고 캔은 기숙사에서도 소문이 날 정도로 제멋대로 사는 친구였다. 캔은 나의 가장 친한 친구였기 때문에 나는 매일 밤 그를 위해서 기도를 했었다. 그해, 캔은 자신이 살아오던 삶을 정리하고 그리스도께로 돌아오게 되었고 스캇은 우리를 영적으로 무장시키는 일을 시작했다. 그는 우리에게 성경 공부하는 방법과 성령님과 동행하는 방법, 기도하는 방법, 다른 사람을 섬기는 방법, 우리의 영적인 여정을 다른 사람들과 나누는 방법을 가르쳐 주었다. 그의 도움으로 우리는 우리의 믿음을 다른 사람들과 나눌 수 있었다.

1년 동안의 영적 훈련을 마친 후, 그는 말했다. "이제 여러분은 다른 사람들에게 여러분의 시간과 노력을 투자할 때입니다. 내가 여러분들에게 했던 것처럼 말입니다." 그 말을 들은 우리는 동시에 이렇게 대답했다. "안돼요! 우리는 못해요." 스캇은 결의에 찬 목소리로 다시 말했다. "아뇨! 여러분은 할 수 있습니다. 왜냐하면, 예수님께서 여러분과 함께하시기 때문입니다. 그리고 나도 여러분들을 도울 것입니다." 내가 처음 소그룹 리더가 되었을 때 느꼈었던 두려움과 떨림은 지금까지 잊을 수가 없다. 실패할 것만 같은 두려움이 휘몰아쳐 왔지만, 그때마다 스캇은 나를 격려하며 어떻게 소그룹을 이끌어 가야 하는지 알려 주었다.

스캇은 나와 캔 그리고 다른 6명의 사람들에게 2년 동안 자신의 시간과 노력을 투자했다. 그리고 학교를 졸업하면서 캠퍼스를 떠났다. 캔과 나는 소그룹을 이끌어 가면서 구성원들을 영적으로 무장시키는 일에 전념했고 마침내 그들의 시간과 노력을 다른 사람들에게 투자하는 단계에까지 이르게 만들었다. 스캇 한 사람으로부터 시작된 이 일은 캠퍼스 내에 급속도로 증가 되었다. 4년이 지난 후, 나는 예수님께서 어떻게 하나님의 나라가 확장되는지에 대한 비유의 말씀들을 생각해 보게 되었다. 한 알의 씨가 땅에 떨어져 싹이 트고 자라나 많은 열매를 맺는다. 또 그 열매들이 땅에 떨어지면 더 많은 열매를 맺듯이 하나님께서는 그분의 나라가 이처럼 확장되길 바라신다. 우리가 졸업하기까지 4년 동안 총 350명의 학생이 예수님의 제자가 되었다. 스캇이라는 씨가 땅에 떨어져 나와 캔을 비롯해 8명의 열매를 맺었고, 8명의 열매가 땅에 떨어져 몇 배의 열매를 맺은 것이다. 찰랑거리는 작은 물결로 시작된 일이 추동력이 생겨 거대한 물결로 변하듯이 성령님께서는 헌신한 자 한 사람 한 사람을 통하여 세상을 변화시키고 그분의 나라를 확장해 가신다.

사람 낚는 어부로 부르시다

예수님께서 제자들에게 마지막으로 당부하신 말씀이 무엇인가?

"예수께서 나아와 말씀하여 이르시되 하늘과 땅의 모든
권세를 내게 주셨으니 그러므로 너희는 가서 모든 민족을
제자로 삼아 아버지와 아들과 성령의 이름으로 세례를 베
풀고 내가 너희에게 분부한 모든 것을 가르쳐 지키게 하
라 볼지어다 내가 세상 끝날까지 너희와 항상 함께 있으
리라 하시니라"

[마태복음 28:18-20]

열방을 복음화시킬 예수님의 계획이 보이는가? 예수님께서는 열
두 명으로 구성된 소그룹에 그분의 모든 것을 투자하셨다. 그런데 어떻
게 열두 명만으로 전 세계의 복음화가 가능하겠는가? 그렇다면 예수님
께서 말씀하신 지상 대명령(The Great Commission)은 열두 명의 제자가
투자한 사람들, 그 사람들이 투자한 또 다른 사람들, 그렇게 여러 세대를
거쳐 그분의 제자 된 우리를 두고 하신 말씀이 틀림없다.

당신도 다른 사람들을 그리스도의 제자로 세워 갈 수 있다. 하나님
과 예수님 그리고 성령님이 어떤 분이신지 알게 함으로써 그들이 정체

성을 찾도록 도와주면 된다. 이것이 가능한 것은 모든 권능과 권위와 권한을 가지고 계신 예수님께서 당신과 함께하시며 당신이 하는 일에 동참하시기 때문이다. 다시 말해, 예수님의 권위와 권능과 권한이 당신에게 있다는 것이다.

소그룹을 이끄는 데 있어 가르치는 은사가 꼭 필요한 것은 아니다. 예수님께서 친히 이끄시기 때문이다. 당신은 그들과 함께 성경을 읽고, 함께 성령의 인도 하심을 따라가면서 마음을 나누는 공동체를 이루면 된다. 그러나 한 가지 명심해야 할 사항이 있다. 그것은 그들이 성경을 지식적으로만 아는 것에 그치지 말고 말씀대로 살아야 함을 강조해야 한다는 것이다. 그들이 그러한 삶을 살아가도록 도와주어야 한다.

바울은 그의 영적인 아들 디모데에게 다음과 같이 말했다. "또 네가 많은 증인 앞에서 내게 들은 바를 충성된 사람들에게 부탁하라 그들이 또 다른 사람들을 가르칠 수 있으리라"[디모데후서 2:2]. 바울은 디모데(1세대)에게 자신의 시간과 노력을 투자했다. 그리고 믿을만한 사람들(2세대, F.A.S.T)을 선별해 가르치고 예수님의 제자로 준비시켜 그들이 또 다른 사람들(3세대)을 가르치게 하라고 당부했다. 이것이 초대교회가 성장할 수 있었던 핵심이 아닌가 생각한다.

소그룹 리더들은 바울이 디모데에게 권고했던 것처럼 3세대 걸쳐 예수 그리스도의 영향력을 끼칠 수 있는 자가 되길 기도해야 한다. 커비는 브랜든을 포함해 총 11명의 구성원을 영적으로 이끌었다(1세대). 그리고 브랜든은 15명의 사람을 이끌었다(2세대). 예수님께서 열두 명의 제자 중 베드로와 야고보 그리고 요한에게 더 관심을 두고 시간을 들였던 것과 마찬가지로 브랜든은 'F.A.S.T'에 해당하는 3명의 사람에게 더 집중적으로 투자했다. 그 3명 중 1명인 더글라스는 1년 후 자신이 알고 지내던 사람들을 상대로 소그룹을 이루었다. 브랜든은 현재 더글라스와 다른 2명이 소그룹(3세대)을 잘 이끌어 갈 수 있도록 도움을 주고 있다.

만약 당신이 12명의 사람에게 시간과 노력을 투자하여 그 12명이 각자 12명의 사람에게 자신들의 시간과 노력을 투자한다면, 또 그 사람들 각자가 12명의 사람에게 투자한다면 예수 그리스도의 제자는 3세대에 걸쳐 총 1,728명이 탄생하게 된다. 이러한 결과가 가지고 오는 영향력이 어떨지 생각해보라. 12명의 사람이 예수님을 알고 그분을 따라가는 삶을 살아가도록 하는 일에 당신의 시간과 노력을 투자하고 그들이 자신들의 소그룹을 이끌어 갈 수 있게 돕는다면 당신은 수백 명의 사람에게 영향력을 끼치는 사람이 된다는 결과가 나온다.

예수님께서 사람들과 개인적인 관계를 형성하고 그들에게 하신 일이 얼마나 기하급수적이고 파급력 있는 결과는 낳는지 우리는 짐작할 수 있다.

믿음이 없는 12명의 사람을 한꺼번에 믿음의 길로 이끄는 일을 모든 사람이 다 할 수 있는 것은 아니다. 당신이 가지고 있는 은사는 일대일 관계 형성에 더 적합할 수도 있다. 만약 당신이 1년에 한 명의 사람을 예수님께로 인도한다면 그리고 다음 해에 그 사람이 다른 사람을 인도하고 당신은 또 새로운 사람을 인도하는 식으로 5년을 지나게 되면, 첫해에는 한 영혼, 두 번째 해에는 3명의 영혼, 세 번째 해에는 7명, 네 번째 해에는 15명, 다섯 번째 해에는 31명의 영혼이 예수님의 제자가 된다.

우리는 지금 인류 역사상 가장 중대한 일에 관해 이야기하고 있다. 하나님과 연합하여 한 영혼 한 영혼을 하나님의 위대한 걸작품을 회복하는 일이야말로 인류 역사상 그리고 창조 역사상 가장 중요한 일이 아니겠는가! 우리는 한 사람이 5년에 서른한 명의 영혼을 예수님께로 인도할 수 있다는 사실을 알았다. 그렇다면 10년 후에는 얼마나 많은 사람이 예수님을 따르게 될까? 그렇다. 1,023명의 제자가 새로이 생겨난다. 예수님께서 우리(제자)를 통해 하시는 일이 어떠한 것인지 알겠는가? 이러한 논리와 원리를 적용하면 33년 후에는 모든 사람이 예수님의 제자가 된다는 결론에 다다른다. 놀랍지 않은가?

그러나 이러한 논리 뒤에는 한 가지 질문이 따른다. 왜 세계 복음화가 아직까지 이루어지지 않고 있는가? 그 답은 우리의 이기적인 죄에서 찾아볼 수 있다. 인간은 하나님의 걸작품이 가지고 있는 가치를 보지 못하기 때문에 하나님과 연합하여 걸작품 회복 작업에 참여하지 못하는 것이다. 사람들은 자신들의 바쁜 일 때문에 하나님의 관점을 놓치고 있으며 다른 사람들을 섬기고 변화시키는 일을 등한시 하고 있다. 온 인류의 제자화는 당신의 의지와 성실과 충성만 있으면 가능하다.

스트리퍼와 배관공 그리고 사역

"저는 지옥으로 향하고 있었습니다. 정말이지 다시는 그 길로 가고 싶지 않습니다." 폴은 병원에서 의식을 회복하는 중이었고, 그의 진지한 표정에서 나온 말에 릴리안은 충격에 휩싸였다. "나를 구원해 주신 하나님을 만나고 싶습니다." 폴은 그날 밤 코카인 과다복용으로 인해 병원으로 이송되고 있었다. 그러나 안타깝게도 병원에 도착하기 전 그의 심장은 멈춰 버리고 말았다.

폴은 자신이 임상적으로는 죽은 상태였지만 정신은 멀쩡하다는 것을 알게 되기까지는 그리 긴 시간이 걸리지 않았다. 그리고 자신의 영이 깨어 있다는 사실을 인지한 순간 칠흑 같은 어둠 속으로 끝없이 떨어지는 기분 나쁜 경험을 하게 되었다. "그때, 나에게 무슨 일이 일어나고 있는지 직감할 수 있었습니다. 그래서 속으로 이렇게 되뇄습니다. '나는 나쁜 사람이 아니야. 이곳으로 갈 이유가 전혀 없어!' 그러나 어떤 정당한 이유도 내게 일어나고 있는 일을 막지는 못했습니다. 나는 절망감 속에서 잘 알지도 못하는 하나님께 부르짖었습니다. '하나님, 살려주세요!' 그 순간 아주 사랑스럽다고 느껴지는 어떤 존재의 임재를 느낄 수 있었습니다." 그는 계속해서 말을 이어갔다. "내가 하나님을 찾았을 때, 어떤 목소리가 들려왔습니다. '폴, 내가 너에게 준 삶을 어떻게 살아왔지?'"

폴은 잠시 하던 말을 잠시 멈추고 숨을 크게 들이마셨다. "그 질문에 나는 어떠한 대답도 할 수 없었습니다. 갑자기 내가 살아온 삶의 순간들이 생생하게 다가왔습니다. 어떠한 변명도 할 수 없었습니다. 숨을 곳도 없었습니다. 내게 일어나고 있는 일에 대해 인정할 수밖에 없었습니다. 나는 주님께 부탁했습니다. '주님, 저에게 기회를 주세요. 돌아가서 사람들에게 당신을 전할 수 있게 해 주세요. 당신과 다른 사람들을 위한 삶을 살아가게 해 주세요.' 내가 하나님께 기회를 달라고 부탁한 것은 나를 위해서가 아니었습니다. 다른 사람들이 지옥으로 가는 것을 막기 위함이었습니다. 그렇게 주님께 부르짖고 난 후 기억이 돌아왔을 때, 저는 응급실에 누워 있었습니다."

폴은 멕시코에서 이주해 온 이민 2세대로 휴스턴에서 태어나고 자랐다. 그리고 릴리안은 스무 살의 나이에 자신의 의지와는 상관없이 남편을 따라 브라질에서 미국으로 밀입국했다. 미국에 도착한 지 얼마 되지 않아 릴리안의 남편은 그녀와 딸을 버려두고 다른 여자와 도망가 버렸다. 그녀는 자신이 겪는 고난을 자녀에게 물려주고 싶지 않아 자녀를 위해 자신의 삶을 헌신하기로 다짐했다. 생계가 막막해진 릴리안은 식당에서 일하게 되었다. 어느 날, 퇴근 준비를 하고 있던 릴리안에게 식당 주인이 다가와 집까지 바래다주겠다고 했다. 하지만 그는 릴리안이 불법 체류자인 것을 악용해 그녀를 성폭행했다.

릴리안은 그 일 이후 식당을 그만두었지만 다른 일을 찾기는 쉽지 않았다. 그때 그녀의 친구가 카바레에서 일해 볼 것을 제안했다. 그곳에서 춤추며 옷 벗는 일은 그녀의 딸을 부양하고도 남을만한 많은 돈을 쉽게 벌게 해 주었다. 그렇지만 시간이 지날수록 자신이 하는 일에 대한 싫증과 자괴감과 자신을 짓누르는 고통으로 괴로워했다. 그녀는 육체적, 정신적 고통에서 벗어나고자 동료 댄서들과 함께 코카인을 흡입하기 시작했다. 쉽게 벌 수 있는 돈의 유혹을 뿌리치지 못한 릴리안은 결국 코카인을 판매하기에 이르렀고 10년이 지난 후 그녀의 인생은 마약으로 인해 돌이킬 수 없을 만큼 망가지고 말았다. 더 이상 자신을 통제할 수 없는 지경에 이른 그녀는 마약 중독 치료센터에 들어가게 되었는데 그곳에서 폴을 만나게 되었다.

폴과 릴리안은 치료센터를 나와 함께 생활하면서 마약의 유혹으로부터 자신들을 지키겠다는 굳은 결의를 보였지만 끝내 마약의 유혹을 이겨내지 못한 채 다시 코카인을 흡입하게 되었다. 마약은 그들을 죽음으로 몰아갔다. 코카인 다량 흡입으로 응급실에 실려 온 날 밤, 그들의 삶은 송두리째 변했다. 병원에서 퇴원한 폴은 릴리안과 함께 스페인어로 예배를 드리는 교회를 찾아갔다. 그들은 자신들의 죄를 회개하며 예수 그리스도를 주님으로 모시는 믿음의 길을 걸어갔다. 폴과 릴리안은 그 교회에서 결혼했고 세례도 받았다. 2년 후, 우연히 천국과 지옥에 대한 옥외 광고를 보게 된 그들은 도심에서 조금 떨어져 있는 한 교회를 방문했다. 그들은 그곳에서 갈급함을 채우고 믿음의 성장을 위한 소그룹 활동을 하게 되었다.

폴은 그때를 이렇게 회상했다. "소그룹 구성원들은 모두 백인들이었고 나만 멕시코계 미국인이었습니다. 게다가 그들 모두는 중산층 이상의 생활을 하는 사람들이었습니다. 그들은 내가 살아온 삶을 전혀 이해하지도 받아들이지도 않는 것처럼 느껴졌습니다. 소그룹에서 나오고 싶은 마음이 간절했지만, 아내는 하나님께서 우리를 이곳에 오게 하신 이유가 반드시 있을 거라며 나를 이해시켰습니다. 소그룹 리더인 톰은 내가 어떤 사람이든, 어디 출신이든 상관하지 않았습니다. 그는 나를 이해하고 사랑으로 대해 주었습니다. 그는 끊임없이 내가 어떠한 존재인지 말해 주면서 그렇게 될 수 있음을 확신시켜 주었습니다. 하나님께서 우리의 삶에 일하시고 있음을 직시할 수 있도록 늘 격려를 아끼지 않았습니다. 세상은 나를 실패자, 마약 중독자로 여겼지만 톰은 항상 나에게 이렇게 말했습니다. '폴, 나는 당신을 믿어요. 당신은 하나님의 존귀한 걸작품이고 그분을 위해서 크게 쓰임 받을 겁니다.'"

'하나님의 존귀한 걸작품'이라고 한 톰의 말이 폴의 머릿속에서 떠나질 않았다. 폴은 생각했다. '톰이 나를 믿는다고 했어! 그렇다면 난 가치 있는 하나님의 사람이 분명해!' 5년이라는 시간 동안 톰은 폴이 영적으로 성장할 수 있도록 도와주었다. 폴은 마침내 다른 사람들을 영적으로 이끄는 리더가 되었고 성경적 원리대로 이끈 사업도 성공하게 되었다.

폴에게는 오스틴에 사는 숙모가 한 분 있었다. 그녀는 매일 밤 악몽에 시달리고 있었고 그로 인해 주술에 빠진 그녀의 삶은 절망의 늪으로 빠져 들어가고 있었다. 그녀는 자살을 시도하려는 순간 폴에게 전화를 걸어 도움을 요청했다. 숙모를 찾아간 폴은 자신이 만난 예수님을 전했고 그날 밤 그녀는 예수 그리스도를 구주로 영접했다. 다음 날 아침, 그녀는 그 어느 때보다 상쾌한 하루를 맞이할 수 있었다. 그녀를 괴롭히던 악몽이 없어진 것이다. 그녀는 폴과 릴리안에게 전화를 걸어 오스틴에 있는 자신의 친구들에게도 예수 그리스도를 전해 달라는 부탁을 했다.

폴과 릴리안은 주님께서 자신들을 오스틴으로 부르고 계신다는 것을 느낄 수 있었다. 얼마 후, 그들은 휴스턴에 있는 자신들의 집과 배관 관련 사업을 정리하고 오스틴으로 이사를 했다. 폴은 배관 사업을 새로이 시작하면서 아내와 함께 몇 명의 사람들로 이루어진 소그룹을 시작했다. 그리고 그들이 이끄는 소그룹은 멕시코계 미국인 2세들과 교류를 이어 가면서 남자 소그룹과 여자 소그룹으로 성장하게 되었다.

영적 부흥의 소망을 품은 폴과 릴리안은 새로이 그리스도의 제자가 된 소그룹 구성원들을 사랑과 섬김의 사람들로 준비시키기 시작했다. 1년여 시간이 흐른 뒤, 폴과 릴리안이 이끈 제자반 사람들은 다른 사람들을 이끄는 소그룹 리더가 되었다. 폴은 하나님께서 자신을 복음 전도자로 부르신다는 느낌이 들었다. 그는 자신의 주위에 있는 사람들과 그들의 친구들을 불러 예배를 드리기 시작했다. 그들이 나이트클럽에서 일하는 사람이건 술을 좋아하는 술꾼이건 상관없었다. 폴은 그들이 하나님을 알아 가고 하나님이 주시는 치유를 경험하게 함으로써 그들 안에 있는 하나님의 걸작품이 발현하도록 분기마다 리트릿을 준비했다.

폴과 릴리안이 다른 사람들을 영적으로 성장시키는 일을 감당할 수 있는 소그룹 리더들을 양성해 나가는 동안 더 많은 멕시코계 미국인들이 믿음을 찾게 되었고 점차 교회의 모습을 갖추게 되었다. 폴은 정상적으로 배관 사업을 운영하면서도 복음 전도자로서 소그룹 리더들을 이끌었다. 첫해, 그는 서른 명이 넘는 사람들과 개인적인 친분 관계를 형성하고 그들을 믿음의 길로 이끌었다. 두 번째 해에는 150명이 넘는 사람들이 그리고 세 번째 해에는 350명이 넘는 사람들이 예수 그리스도를 따르게 되었다. 폴이 이끈 소그룹은 3년 후 수백 명의 성도로 이루어진 교회로 성장하였고 이곳에서 섬기는 사람들은 모두 무급으로 사역을 감당하고 있다.

이렇듯 소그룹이 영적인 성장을 거듭하게 되면 엄청난 영향력을 끼치는 거대한 파도로 변하게 된다.

5년 후, 이 교회(파워하우스 교회)는 500명이 넘는 성도들이 모이는 교회로 성장했고 폴은 운영하던 사업을 내려놓고 '파워하우스 교회'의 목사가 되었다.

폴과 나는 신학적 전통 면에서도 서로 다르고 문화도 다르지만, 우리가 공통으로 하는 일은 사람들과 개인적으로 관계를 형성하고 그들을 섬기고 사랑하는 것과 죄로 뒤덮인 하나님을 걸작품을 이끌어 내는 일이다. 하나님의 일은 초문화적이고 초교파적이며 어떠한 모임과 공동체 속으로도 전이 될 수 있어야 한다. 헌신한 사람들에게 성령님이 함께 하시면 불가능이란 없다. 당신은 헌신한 자인가?

QUESTIONS AND ACTIONS

1. 묵상 포인트

성경을 한 문장으로 요약해서 말하자면 '사랑의 하나님'과 '사랑의 사람들'이라고 할 수 있다. 예수님께서는 생명도 아끼지 않고 하나님의 사랑을 보이셨다.

당신은 어떠한 방법으로 하나님의 사랑을 전하겠는가? 당신을 통해 하나님의 사랑을 전달받은 사람을 어떻게 하나님의 사랑을 전하는 자로 세울 수 있는가?

2. 실천 포인트

만약 당신이 믿음의 계절을 거치는 영적 성장을 하지 못했다면, 당신의 영적 성장을 이끌어 줄 누군가를 보내 달라고 기도하라. 그래서 당신도 누군가를 영적으로 이끄는 자가 되기 원한다고 하나님께 고백하라. 만약 당신이 하나님과 동행하는 자라면 성령의 도우심을 힘입어 다른 사람을 영적 성장을 도울 수 있다. 자, 이제 영적으로 이끌 누군가를 보여 달라고 하나님께 기도해 보라.

예수님의 사역에 동참하는 우리의 자세
On mission with Jesus

Chapter 6

예배와 가르침으로 촉진하고 부흥하라

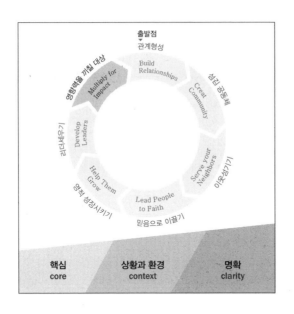

1966년, 마오쩌둥은 기독교가 중국에 뿌리내리지 못하게 하는 법령을 발효했다. 당시 중국의 그리스도인 수는 대략 200만 명 정도였다. 마오는 외국인 선교사와 기독단체 리더들을 추방하고 모든 중국인 목사들을 처형했다. 그리고 교회 부목사나 장로들은 감옥에 가두었다. 향후 10년 동안 그는 문화대혁명을 시작으로 기독교를 근절하기 위해 남아 있는 그리스도인들을 찾아냈고 역사상 가장 포악하고 잔인한 방법으로 박해를 가했다. 그러나 많은 그리스도의 제자들은 모진 고문에도 믿음을 지키며 순교자로서 생을 마감했다.

　　마오쩌둥이 죽은 후, 문화대혁명의 열기는 점차 가라앉기 시작했다. 1980년대 초, 중국 정부는 종교적인 면에서 관대함을 보이며 철저한 관리 감독하에 외국인 선교사들의 입국을 허용했다. 중국 정부는 기독교 박해로 인해 교회가 기능을 완전히 상실했을 것이라고 생각했지만 자신들의 기대와는 전혀 다른 현실을 마주하게 되었다.

　　중국의 가정 교회는 핍박 속에서도 세계 어느 교회에서도 찾아 볼 수 없을 만큼 남다른 성장을 해왔다. 목숨을 담보로 은밀하게 진행된 예배는 집을 옮겨가며 드려졌고, 끔찍하고도 지독한 핍박 속에서도 교회는 살아남아 200만 명이던 그리스도인의 수는 10년 동안 800만 명이 넘는 성장세를 보였다. 조직적으로 전개된 이러한 신앙 공동체의 정신은 <모든 그리스도인은 가정 교회(House Church)의 리더이다. 모든 교회는 교회를 세우는 교회가 된다>였다.

그들의 예배 모임은 항상 위험에 노출되어 있지만 비좁은 집에 사람들이 꽉 들어찰 때에는 그야말로 목숨을 걸고 예배를 드려야만 했다. 그들은 모든 것을 걸고 예수님을 믿고 따랐다.

하나님의 성령이 마치 거대한 파도와 같이 중국 전역을 휩쓸며 사람들을 깨우기 시작했고 각 사람의 인생을 하나님의 말씀과 융합시켜 그분이 원래 창조하셨던 걸작품의 모습으로 회복시키는 일을 하셨다. 이것이 바로 내가 당신을 위해 그리고 모든 인류를 위해 기도하고 있는 바이기도 하다. 당신의 삶은 하나님의 역사와 융화되어 당신으로부터 시작된 걸작품 회복운동은 언젠가 그분의 영원한 역사의 한 페이지에 기록될 것이며 당신의 이웃을 변화시키고 도시를 변화시키고 나아가 세상을 변화시킨 증거로 남을 것이다.

중국의 가정 교회는 찬양을 반주할 멋진 밴드도, 아름다운 목소리로 찬양을 부르는 성가대도, 성경을 가르치는 교육 시스템도 갖추지 못했다. 심지어 대부분의 가정 교회들이 가지고 있는 성경책은 온전한 것이 아닌 훼손 되었거나 일부분만 있는 정도였다. 그것마저도 여러 사람이 차례로 돌려가며 성경을 봐야만 했다. 가정 교회의 리더들은 신학교에서 정규 신학 교육을 받은 사람들이 아니었지만, 가정 교회 네트워크 안의 믿는 자들은 무신론적이며 기독교를 적대하는 사회와 문화에 굴하지 않고 급속도로 성장하고 증가했다.

중국의 한 가정교회 리더는 "중국을 방문하는 외국인 크리스천들이 중국 가정교회 리더들은 어느 신학교를 나왔는지 궁금해한다"며 다음과 같이 말했다.

우리는 이런 질문을 받을 때마다 우스갯소리지만 진지함을 담아서 다음과 같이 말합니다. "성령님이 가르치시는 개인 심화 성경 학교(감옥)에서 수년간 훈련을 받았습니다." 가끔 내가 한 말을 이해하지 못한 외국인 크리스천 친구들은 또 이렇게 묻습니다. "그 성경 학교에서는 어떤 교제를 사용하나요?" 그러면 이렇게 대답합니다. "우리의 유일한 교제는 우리의 몸을 묶는 체인과 우리의 몸을 멍들게 만드는 채찍입니다." 감옥이라는 신학교에서 우리는 주님이 어떠한 분이신 지에 대한 아주 귀중한 수업을 많이 받았습니다. 이 수업을 통해 책에서는 절대 배울 수 없는 것들을 배웠습니다. 하나님을 더 깊이 알게 되면서 그분의 선하심과 우리를 향한 그분의 사랑과 신실하심을 이해할 수 있었습니다.

예수 운동을 가속화시키는 예배

서구의 교회들은 하나님께 예배한다는 것과 예수 그리스도를 따른다는 것의 진정한 의미가 무엇인지 다시 한 번 생각해보아야 한다. 많은 크리스천은 삶에서 진짜 중요한 것이 무엇인지 알지 못한 채 그다지 중요하지 않은 것들에 관심을 쏟는 것을 보게 된다.

"어느 교회에서 예배를 드릴까? 어느 교회에 가야만 하나님의 임재를 강하게 느낄 수 있을까?" "어느 교회로 가야만 영적으로 성장할 수 있는 새로운 가르침과 새로운 도전을 받을 수 있을까?" "어느 교회를 가야만 내 자녀들이 하나님을 잘 따르는 훈련을 받을 수 있을까?"

사실 이러한 생각이나 질문이 좋은 발상이긴 하나 깨어지고 죄로 얼룩진 세상에 나아가 우리가 이미 배워서 알고 있는 성경 지식과 말씀은 행하지 않고 단순히 새로운 정보를 얻고 당신의 눈과 귀를 즐겁게 할 목적으로 교회를 간다는 의미의 차원이라면 이는 바리새주의가 당신의 삶 속에 뿌리내리고 있다는 증거이다.

'예배'가 지치고 처져있는 당신의 감정을 높여 삶을 가다듬는 도구로 전락해서는 안 된다. 예배를 통해 하나님의 마음을 아프게 하는 우리의 죄 된 마음이 씻겨지고 치유되는데 삶을 가다듬는 도구로서의 예배는 결코 우리의 죄 된 마음을 정결하게 하지 못한다. 예배를 통해 느껴지는 감정 즉, 하나님의 은혜가 삶을 변화시키지 못한다면, 그것은 한낱 즐거움에 지나지 않는다. 일주일 중 주일에 하나님께 드려지는 1시간이 우리 자녀들을 영적 기반이 튼튼하고, 도덕적이고, 온전하며, 사랑이 많고 헌신적인 성인으로 자라도록 만드는 결과를 낳고, 나머지 167시간으로 무엇인가를 할 때 하나님께 드려진 1시간 보다 못한 결과를 얻게 된다고 생각해 보라. 정말 투자할만한 가치가 있지 않은가! 내가 위에서 설명한 것은 안타깝게도 서구의 기독교인들 모습과 아주 비슷하다.

우리의 삶에서 그리고 우리의 삶을 통한 하나님의 자비롭고도 능숙한 회복의 손길을 경험하기 위해서는 예배에 대한 우리의 마음과 태도가 반드시 변화되어야 한다.

사도 바울은 다음과 같이 말했다. "그러므로 형제들아 내가 하나님의 모든 자비하심으로 너희를 권하노니 너희 몸을 하나님이 기뻐하시는 거룩한 산 제물로 드리라 이는 너희가 드릴 영적 예배니라"[로마서 12:1]. 진정한 예배는 하나님의 마음을 기쁘게 하는 것이다. 찬양 그 이상의 것을 드리는 것이다. 진정한 예배는 일주일에 167시간 동안 드려져야 한다. 이는 항상 좋은 것을 주시는 하나님께 우리 자신을 드려 세상에 얽매이지 않도록 매 순간순간 그분께로 향하는 것이다.

예수님과 동행하는 것은 우리 삶의 예배이다. 그분의 태도와 그분의 행동을 따르는 삶은 다음 세대의 영적인 틀을 형성하는 것과도 밀접한 관련이 있다.

상황과 환경 그리고 예배의 중요성

상황과 환경은 선교에 있어 매우 중요하다. 그래서 상황화 즉, 상황에 맞는 복음 전달 방법을 추구하는 것이 바람직하다.

AD 50년, 예루살렘의 유대교 의회에 참석한 바울은 이방 세계에 예수님의 말씀을 그들의 상황에 맞게 전하는 데에 걸림돌이 되는 모든 유대교 전통을 벗어던지자고 건의했다. 역사학자 로드니 스타크는 예루살렘 공의회가 바울의 제안을 수락한 것에 대해 다음과 같이 말했다.

> 기독교 확산에 가장 중요한 역할을 한 사건은 단연코 예루살렘 공의회라고 할 수 있다. 예루살렘 공의회가 내린 판결이 지닌 진정한 중요성은 복음 전도자인 바울에게 미친 영향이 아니라 이방인 친구들과 친척들 그리고 이웃들에게 복음을 전할 수 있게 된 일반적인 그리스도인들에게 더 큰 영향을 미쳤다는 것이다. 예루살렘 공의회의 판결은 기독교가 세계에서 가장 큰 종교로 자리매김할 수 있는 결과를 가져다주었다.

미디어와 음악이 문화와 사회를 이끈다는 측면에서 복음을 음악, 언어, 예술이라는 형태로 바꾸어 문화적으로 친근함을 갖도록 만드는 일은 매우 중요하다고 볼 수 있다. 그들의 관심사와 문화를 우리의 관심사와 문화에 접목하는 것은 그들을 자연스럽게 우리의 관심사와 문화 안으로 끌어들이는 역할을 할 것이다.

그러나 그들을 예배의 자리로까지 오게 하는 것은 결코 쉽지 않을 것이다. 그들과 함께하는 시간이 필요하고 그들을 섬겨야 하는 노력이 필요하다. 예배의 자리는 그들을 영적으로 변화시켜 하나님에 대한 갈망을 갖게 한다. 성령의 인도 하심에 순종한 당신의 섬김과 노력이 서론과 본론이라면 그들이 나아 온 예배의 자리는 결론이라 할 수 있다. 그리고 그들이 예수 그리스도의 제자로 헌신할 때까지 당신의 섬김과 노력은 계속되어야 한다.

내가 경험했던 최고의 예배는 러시아에 선교를 갔을 때 드렸던 예배이다. 우리는 작은 아파트에서 예배를 드렸는데 선교팀 10명을 포함해 사람들로 꽉 들어찼었다. 드보라가 기타 하나로 찬양을 인도했고 우리는 마음을 쏟아내는 찬양과 우리의 삶을 온전히 내어드리는 결단을 하게 되었다. 우리가 간절히 원하는 것은 오직 하나님뿐이었기 때문이었다. 말씀을 묵상한 후, 주님께서 주신 말씀을 서로 나눈 시간은 기쁨이 충만한 시간이었다. 동역자들과 함께한 선교였지만 낯선 외국 땅에서의 생활 동안 주님의 말씀과 주님의 임재는 우리에게 필수적이었다. 우리는 서로를 격려해야만 했고 서로 간의 갈등을 풀어야 했고 앞에 놓은 어려움을 위해 함께 기도해야만 했다. 우리는 그리스도의 몸의 각 부분을 담당하고 있었기 때문에 서로 연합하지 않으면 아무것도 할 수 없었다. 이것이 바로 교회이다. 하나님께서는 교회의 지체인 우리가 서로 연합하여 복음 전하는 일을 감당하기 원하신다.

새로운 네트워크의 탄생

성도의 수가 30명~50명 정도로 늘어나 한 집에서 예배를 드리는

데 어려움이 생기면 중국의 가정 교회는 준비된 성도들에게 새로운 가정 교회를 세우게 한다. 이처럼 네트워크의 구성원이 70명~100명 정도로 많아지면 다 함께 모일 수 있는 장소를 찾는 데 어려움을 겪게 된다. 이 때가 바로 새로운 네트워크가 탄생하는 시기이다. 사람들이 각자 맡은 역할을 온전히 수행할 수 있도록 네트워크 내의 핵심 그룹이 구성원들을 영적으로 훈련시키고 성장시켜야 하는 이유가 바로 여기에 있다. 언젠가 그들이 자신의 네트워크를 이끌어 갈 수 있도록 말이다.

소그룹의 형태를 띤 여러 개의 네트워크가 동시에 생겨나는 경우도 종종 있는데, 소그룹 형태의 네트워크는 한 도시의 서로 다른 지역에서 핵심 그룹으로 성장하게 된다. 소그룹만이 갖는 관계의 아름다움은 서로에 대한 믿음과 신뢰이다. 이는 어려움을 당했을 때 두드러지게 나타난다.

네트워크가 성장하면서 직면하게 되는 큰 문제 중 하나는 아무런 열매를 맺지 못하고 비대해지기만 한다는 것이다. 이러한 현상은 구성원들이 서로 친하지 않은 상태에서 소그룹이 늘어날 때 발생한다. 좋아하는 것만 계속 좋아하면 변화로부터 그것을 보호하고 지키고 싶어하는 마음이 생긴다. 사람과의 관계도 마찬가지이다. 소그룹이나 네트워크 안에 누군가가 새로이 들어 온다는 것은 네트워크 안에 변화가 생긴다는 것과 같다. 구성원들이 이 변화를 싫어하면 그 공동체는 생기 없이 비대해지기만 한다. 네트워크 안에 새로운 구성원이 들어 온다는 것은 비대해지기 쉬운 공동체에 변화를 주는 것이다. 사해(死海)의 비유를 통해 우리는 그 사실을 확인할 수 있다.

헤르몬 산이 발원지인 요단강은 갈릴리 바다를 거쳐 사해로 흐른다. 갈릴리 바다는 생명이 가득한 곳이다. 깨끗하고 신선한 물이 만든 비옥한 땅에서는 식물은 잘 자랐고 어족 자원도 풍부해 수산업이 번창했으며 사람들에게 천 년 동안 맑고 깨끗한 물을 제공하는 식수원이었다.

사해(死海)는 이름 그대로 '죽은 바다'이다. 사해의 높은 염도는 어떠한 생물도 살 수 없게 만든다. 사해의 염분 농도는 일반 바다의 8배에 달한다. 염분 함유량이 높기 때문에 밀도 역시 높아져 눕는 자세를 취하면 마치 튜브에 올라탄 것처럼 몸이 둥둥 뜨게 된다. 높은 염도로 인해 그 주변 지역은 불모의 땅이 되어 버렸다. 어떠한 바다 생물도 이러한 환경에서는 살아남을 수 없게 된다. 말 그대로 완전히 죽은 것이다. 갈릴리와 사해는 요단강으로 서로 연결되어 있지만 두 바다는 완전히 다른 성향을 띠고 있다. 이 두 바다의 차이점을 보면 이렇다. 갈릴리 바다로 흘러들어온 물은 반대편으로 흘러나가지만 사해로 흘러들어온 물은 다른 곳으로 흘러가지 못하고 고여 있다는 것이다.

흐르는 유기적 공동체

네트워크도 마찬가지이다. 사람들이 유입되고 공동체가 형성되어 그 안에 소그룹이 많아지면 영향력 또한 커지게 된다. 어느 정도 규모가 갖추어진 네트워크로 발전되면 자신들이 이루어온 결과물을 지키고 보호하려는 경향을 종종 띠게 되는데, 이때가 바로 공동체의 생과 사가 갈리게 되는 시점이다. 네트워크 안으로 사람들이 들어오고 어느 정도 규모로 성장하기까지는 수년의 시간이 걸린다. 네트워크 안의 구성원수가 많아지면 밀도가 높아지지 않도록 리더들을 세워 다른 곳으로 흘러보내야 한다. 흘러갈 곳이 없이 계속 고여 있기만 하는 공동체는 결국 생명이 살 수 없는 사해와 같이 될 것이다.

건강하고 번창하는 네트워크가 되려면 사람들을 흘려보내야 한다. 게이트웨이 교회는 네트워크 리더와 소그룹 핵심 구성원들에게 네트워크가 시도해야 할 일을 도표로 설명해 준다. 네트워크는 당신이 관심 있는 대상(Circle of impact)에게 초점을 맞추는 것에서부터 시작된다. 즉, 예수 그리스도의 영향력을 끼칠 믿지 않는 사람들을 말하며 이들은 도시 전체에 걸쳐 분포한다. 당신이 사는 지역이나 도시에서 하나님이 당신을 통해 섬기기 원하는 사람들은 누구인가? 그들은 당신 주변에 사는 이웃일 수도 있고 어떤 한 회사일 수도 있으며 예술가일 수도 또는 사회에서 소외당하는 사람들일 수도 있다. 당신이 만든 또는 속한 네트워크는 그들이 예수 그리스도를 따르고 다른 사람들을 회복시키는 일에 동참할 때까지 그들을 섬기는 일에 초점을 맞추게 될 것이다.

접촉자들(Contacts)은 당신이 섬겼던 사람들로 당신과 관계를 형성하고 있는 자들 또는 지속해서 만남을 유지하며 네트워크에서 하는 모임이나 파티 또는 다른 사람들을 섬기는 일에 동참하라고 권유받고 초대받는 사람들이다. 게이트웨이 교회의 시초인 소그룹이 시작될 때, 나는 주변에 있는 사람들에게 모임에 참석을 권하는 이메일을 계속 보냈었다. 초대한 사람들이 모임에 참석하지 않을 때 그들을 귀찮게 하는 것은 아닌가 하는 느낌이 들 때도 있다. 하지만 그런 느낌이 들 때마다 나는 랜디 워렐이 귀찮을 정도로 모임에 참여하라고 독려하며 격려했던 일이 나중에는 나에게 얼마나 감사했던 일이 되었는지를 떠올린다. 내 마음 깊은 곳에서는 그의 초대가 하나님의 섭리 가운데 있는 것인지 알고 싶어 했지만 나는 그의 초대를 거절하거나 약속을 지키지 않았다. 그러나 이러한 생각과 행동은 영적 전쟁임을 분명히 알아야 한다. 랜디의 지칠 줄 모르는 열정은 결국 내가 모임에 참석하고 소그룹 구성원이 되어 예수 그리스도를 아는 믿음에 이르는 성과를 거두게 했다. 그리스도와 그분의 공동체 안으로 향하는 발걸음을 내디딜 수 있도록 격려하는 것은 사람들에게 유익한 일임을 기억해야 한다.

'Crowd'라는 범주 내에 있는 이들은 매달 열리는 네트워크 행사에 정기적으로 참여하고 관계를 형성해 가는 사람들을 말한다. 도표에 나와 있는 숫자는 네트워크가 온전한 기능을 할 수 있는 구성원의 최소와 최대치를 나타낸다. 네트워크 모임이나 지역 섬김 사역에 정기적으로 참여하는 사람이 25명 이상이 되면 네트워크의 성장이 가속화되는 것을 느낄 수 있다. 그러나 25명 이상의 구성원이 정기적으로 네트워크에 참여하게 하려면 대략 75명 정도의 사람들에게 정기적으로 연락을 취해야만 한다. Crowd 범주에 최소 25명의 사람이 있어야만 네트워크가 제 기능을 발휘할 수 있다.

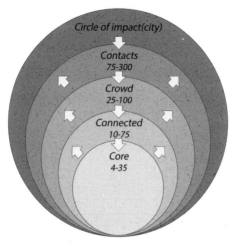

Circle of impact(city)

Contacts
75-300

Crowd
25-100

Connected
10-75

Core
4-35

흐르는 유기적 공동체

　게이트웨이 교회는 네트워크 구성원들을 다음 단계의 믿음으로 나아가게 하고자 리더들에게 그들을 어떻게 도울 수 있는지 항상 생각하라고 권면한다. 네트워크 리더들은 Crowd 범주에 있는 사람들이 모임에 나올 때마다, 그들이 왜 'Connected'(소그룹 구성원) 범주에 속해야 하는지에 대한 비전을 제시한다. 사람들이 믿음의 단계로 들어서는 전환점이 되는 계기와 그들이 영적으로 성장하여 하나님의 걸작품으로 회복되는 것은 개인적인 관계의 형성에서 비롯된다. 궁극적으로 우리가 소망하는 것은 우리가 섬기는 사람들이 믿음을 발견하고 영적으로 성장하여 다른 사람을 섬기는 핵심 구성원이 되는 것을 보는 것이다.

Core(핵심 구성원)는 소그룹에 소속되어 영적으로 성장하고 성숙의 단계에 이른 사람으로 다른 사람들을 영적으로 이끄는 역할을 하는 이들이다. 그들은 어떠한 은사가 자신들에게 있는지 알고 있으며 그 은사로 교회와 함께 지역과 도시를 섬기는 사람들이다. 또한, 그들은 교회와 네트워크에 재정적인 후원을 아끼지 않음으로써 네트워크가 지속되고 성장하게 하는 사람들이다. 도표를 보면 화살표의 진행 방향이 바깥쪽에서 안쪽으로 그리고 다시 바깥쪽을 향하는 것을 볼 수 있다.

바깥에서 안쪽으로 향하는 화살표는 네트워크에 처음 들어온 사람이 핵심 핵심구성원이 되는 과정을 나타내며, 안쪽에서 바깥쪽으로 향하는 화살표는 새 구성원이 핵심 구성원이 되어 하나의 새로운 네트워크를 구성해 가는 것을 나타낸다. 네트워크 안에 이러한 움직임이 끊임없이 이어져야만 하나님의 나라가 이 땅에 이루어질 것이다.

네트워크 모임에 매월 70명~100명 또는 그 이상 모이는 시점이 되면 그들 대다수는 소그룹에 속해 있는 자들로 믿음이 성장해 가고 있는 사람들이거나 성숙한 믿음에 이른 사람들이다. 이는 적어도 30명의 핵심 구성원이 있다는 의미가 되며 새로운 네트워크를 탄생시킬 준비가 필요한 때이다. 네트워크 리더나 소그룹 리더들은 자신들의 역할을 충분히 수행할 수 있는 부리더를 두어 때가 되면 그들을 새로운 네트워크의 리더로 세워 다른 지역을 섬기도록 해야 한다.

네트워크 구성원들은 가족과 같이 친밀하고 가까운 사이가 되어야 한다. 이러한 관계는 서로를 잘 알 수 있는 영적 러닝파트너나 소그룹 식구가 됨으로써 가능해지며 그리스도 안에서 누리는 친밀함과 믿음의 성장을 통해 다른 사람들의 영적 성숙을 이끄는 리더의 자리에까지 이르도록 해야 한다.

평안의 사람을 찾으라

새로운 네트워크의 탄생이 필요하다면 굳이 기존의 네트워크가 분립할 수 있는 규모가 될 때까지 기다릴 필요는 없다. 때로는 하나님의 인도하심에 따라 새로운 네트워크가 구성되기도 한다.

마이크 브린은 유럽 전 지역에 걸쳐 네트워크를 구축해야겠다는 마음이 계속해서 들었다. 영국 셰필드에 사는 그는 자신의 동역자들과 함께 네트워크를 세워가며 그 지역의 믿지 않는 사람들을 섬기기 시작했다.

마이크는 네트워크 구성원들에게 '평안의 사람'을 찾으라고 권면한다. 예수님께서는 70명의 제자를 보내시면서 다음과 같이 말씀하셨다. "어느 집에 들어가든지 먼저 말하되 이 집이 평안할지어다 하라 만일

평안을 받을 사람이 거기 있으면 너희의 평안이 그에게 머물 것이요 그렇지 않으면 너희에게로 돌아오리라 그 집에 유하며 주는 것을 먹고 마시라 일꾼이 그 삯을 받는 것이 마땅하니라 이 집에서 저 집으로 옮기지 말라"[누가복음 10:5-7]. 당신이 섬김의 자리, 사랑을 베푸는 자리에 있게 되면 '평안의 사람'을 찾아보라. 그 사람은 어떤 제안을 잘 받아들이는 성향의 사람으로서 당신을 환영하고 당신의 말에 귀 기울이며 긍정적인 반응을 보일 것이다. 그런 사람을 찾게 되면 그와 가까이 지내야 한다. 그 사람과 친밀한 관계를 형성하는 데 심혈을 기울일 때, 성령님께서는 그 사람의 삶에 개입하시고 관여하시기 시작하신다. 그 사람이 예수님에 대해 관심을 갖고 믿음을 갖게 된다면, 그는 자신이 알고 지내는 사람들이나 동호회를 네트워크와 연결하는 통로의 역할을 하게 될 것이다.

영국의 셰필드 지역에는 상당히 많은 무슬림들이 거주한다. 그 지역 교회의 네트워크 구성원 몇 명은 그 무슬림들을 섬기라는 하나님의 부르심이 있음을 깨닫게 되었다. 이란 출신의 무슬림인 아미르는 네트워크 구성원인 데이비드의 섬김으로 서로 친구가 되는 것에 대해 긍정적인 반응을 보였다. 데이비드는 아미르와 깊은 영적 교제를 나누는 관계로 발전해 가는 데 심혈을 기울였다. 때가 이르러 아미르는 예수 그리스도를 구주로 영접하고 그분의 제자가 되었다. 그는 예수님께서 말씀하신 '평안의 사람'이었다. 데이비드와 다른 네트워크 구성원들이 아미르가 성숙한 믿음에 이르도록 그에게 시간을 투자하고 노력을 기울이

자 자신의 무슬림 친구들을 데이비드에게 소개해 주기 시작했다. 그렇게 몇 년이 지나는 동안 그들의 관계는 지속적으로 발전해 60명이 넘는 이란 출신의 무슬림들이 예수님을 따르는 사람들로 변화되었고 그들 스스로 만든 선교 단체가 셰필드 지역에 있는 교회와 연합하여 지역 섬김을 해 가고 있다.

회복된 자들로 다른 사람들을 회복시키다

하나님께서는 당신 내면에 있는 걸작품을 보시며 창조 원형의 모습으로 회복시키길 간절히 원하신다. 하나님의 은혜로 당신이 구원에 이르게 된 것은 당신이 하나님의 걸작품이며 예수 그리스도 안에서 당신을 위해 준비된 일을 성취하게 하기 위함이다. 당신을 회복해 가시는 하나님께 당신을 내어 드리게 되면 회복이 필요한 다른 사람들의 삶 가운데로 당신을 인도하실 것이다. 하나님께서 우리를 그분의 걸작품으로 회복시키는 이유는 다른 사람들을 회복시키는 귀한 도구로 사용하기 위함이다. 이 사실을 절대 잊어서는 안 된다.

인간은 그림이나 대리석 조각품처럼 예술가의 손길을 자연스럽게 받아들이는 존재가 아니다. 그래서 자신의 의지와 뜻을 좀처럼 꺾으려 하지 않는다. 어떤 사람들은 상처와 아픔, 드러내고 싶지 않은 중독증을 가지고 살아간다. 그들은 당신을 실망시키고 당신에게 상처를 주며, 당신은 그들에게 실망하고 그들에게 상처를 주게 된다. 깨어져 엉망이 된 모습을 한 우리에게 하나님께서는 사랑으로 다가오셔서 아름다움을 선사하신다. 우리가 하나님이 하시는 일에 협력할 때, 하나님께서는 우리가 잃어버렸던 것을 회복시키시고 얼룩과 때를 씻어 내시며 깨어진 곳을 치유하신다. 당신이 예수 그리스도의 태도와 행실을 취하면 성령께서 당신을 놀랄만한 믿음의 여정 가운데로 인도하실 것이며 당신이 불가능하다고 여기는 일들을 가능하게 하시는 그분의 능력을 경험하게 될 것이다. 그리고 마침내, 마가복음 10장 27절의 말씀이 주는 의미가 무엇인지 깨닫게 될 것이다. "사람으로는 할 수 없으되 하나님으로는 그렇지 아니하니 하나님으로서는 다 하실 수 있느니라"[마가복음 10:27].

예수님을 만났던 사람들이 공통적으로 보여주는 것이 있다.

'그분은 엉망이 된 우리 삶에 들어 오셨습니다.'

'그분은 우리의 고통과 아픔을 나누어 가졌습니다.'

'그분은 우리가 느끼는 실망과 낙심, 상처와 배반감, 심지어 자살의 순간까지 갔던 속 깊은 이야기를 나눌 수 있는 관계가 되어 주셨습니다.'

예수님께서 불완전한 사람들로 가득 찬 불완전한 세상 속으로 오신 것은 하나님의 위대한 복원작업을 시작하기 위함이었다. 은혜라 불리는 복원작업 말이다. 당신의 삶 속에서 하나님을 예배하고 예수님과 그리고 다른 사람들과 함께 그분의 사역에 동참하면 하나님께서는 당신의 죄를 씻어내시고 당신의 삶을 빚어가시며 당신이 만나는 사람들을 그분의 걸작품으로 회복시키실 것이다.

QUESTIONS AND ACTIONS

1. 묵상 과제

당신은 당신의 모든 것을 걸 준비가 되어 있는가? 모든 것을 드릴 준비가 되어 있는가? 그렇다면 세상 사람들을 예수님의 제자로 만들기 위해 그들에게 무엇을 주어야 하며, 무엇을 해야 하는가? 당신에게 주어진 것(은사, 재정)들을 어떻게 흘려보내야 하는지 생각해 보라

2. 실천 과제

'평안의 사람'을 만나게 해 달라고 기도해 보라. 그리고 그 사람이 누구인지 찾아보라. 당신이 사람들을 하나님의 걸작품으로 회복시키는 일을 하는 네트워크의 구성원이 되고 싶은 비전을 가지고 있었다면, 이제 계획을 세우고 그 꿈을 향해 발걸음을 옮겨 보라.

부록 1

기독교 용어 풀이

기독교인들이 사용하는 용어 중 어떤 단어들은 대부분의 사람에게 외국어처럼 생소하거나 문화 차이에 의해서 오해를 불러일으키기도 한다. 그래서 성경에 나오는 이해하기 난해한 단어들이 뜻하는 의미를 재해석할 필요가 있다. 나는 전문적인 신학적 정의를 내리려는 것이 아니라 일반 사람들에게 친숙하지 않은 기독교 용어를 간단명료하게 설명하려 한다. 왜냐하면, 이 중 몇몇 단어는 매우 중요하기 때문이다. 우리가 이러한 용어들을 사용할 때, 사람들이 이해할 수 있도록 잘 풀어서 설명해 줄 수 있어야 한다. 자칫 이러한 용어들은 보이지 않는 장벽을 만들어 낼 수 있기 때문이다.

세례(Baptism): 사람들 앞에서 그리스도와 하나가 되는 것을 말한다. 결혼식이 사람들 앞에서 부부로서 하나가 됨을 선언하는 것인 것처럼, 세례는 하나님과 하나가 됨을 사람들 앞에서 선언하는 예식이다.

거듭남(Born again): 하나님에 의해 영적으로 살아나는 것은 말한다.

그리스도인 또는 크리스천(Christian): 안타깝게도 이 단어는 많은 오해를 불러 일으켜온 단어이다.

그래서 나는 다음과 같이 정의 내렸다. 그리스도를 따르는 사람, 이 말이 의미하듯 예수님의 삶을 따르는 사람들을 말한다. 이것이 크리스천의 진정한 의미이다. 교회에 나가면서도 예수님의 삶을 따르지 않는 사람들이 있다. 우리는 그 사람들을 그냥 '교회 다니는 사람'(Church goer)라고 한다.

제자(Disciple): 예수 그리스도를 따르는 사람. 예수님이 말씀하신 삶 을 사는 사람.

제자도(Discipleship): 예수님 걸어 가신 삶을 배움으로 영적으로 성장하는 것을 말한다. 예수님을 진정으로 따르려고 예수님의 삶을 배우는 학생이 되는 것.

복음주의 또는 복음전도(Evangelism): 나는 개인적으로 '복음주의' 또는 '복음전도'라는 말을 더 이상 사용하지 않는다. 이 말이 우리 사회에 좋지 않은 영향을 미쳐왔기 때문이다. 대신 이렇게 말한다. '사람들의 영적인 필요와 물리적인 필요를 공급하고 섬기는 것' 또는 '사람들이 믿음을 찾도록 도와 주는 일'. 복음주의의 문자적으로 '좋은 소식을 선포하는 것'이라는 의미를 가지고 있다.

믿음(Faith, Belief): 나는 믿음(faith)이라는 말을 신뢰(trust)

라는 단어와 같은 뜻을 지녔다고 말하고 싶다. 이 단어들은 '관계'(relationship)가 이루어질 때 사용하는 단어이다. 당신이 누군가와 결혼을 한다는 것은 서로의 믿음에 의거한 것이며, 누군가와 서로 신뢰한다는 것은 당신의 맹세나 언약 또는 서약을 충실히 이행하는 것을 의미한다.

하나님께서 말씀하셨다 또는 주님의 음성을 들었다(God told me" or "I heard a word from the Lord): 나는 오늘날에도 하나님께서 우리를 이끄시고 계신다는 것을 확신한다. 그리스도인들이 '하나님께서 말씀하셨다' 또는 '주님의 음성을 들었다'라는 말을 하면, 불신자들은 환청을 듣는다고 생각할 수도 있다. 이럴 경우, 나는 '하나님께서 어떤 일을 하시는 것 같은 느낌이 든다'라고 하거나 또는 '확신하건대 이러한 생각이 드는 것은 하나님께서 나를 인도하고 계시다는 것을 의미합니다'라고 말한다.

복음(Gospel): 예수님에 대한 이야기. 하나님과 함께하는 인생에 대한 기쁜(좋은) 소식.

은혜(Grace): 하나님께서 거저 주시는 호의. 하나님은 당신 편에 서 계신다.

할렐루야(Hallelujah): 여호와(하나님)을 찬양, 찬미하다. 여호와(하나님)을 자랑하다. 요즘은 이 말을 불신자들이 진실되어 보이지 않는 사람들을 비웃거나 조롱할 때 농담처럼 사용되기도 한다.

거룩(Holy): 하나님의 목적을 위하여 따로 구별되어진 것.

의롭게되다(Justified): 하나님께서 우리의 모든 과거, 현재, 미래의 빚(죄)를 지불하셨다.

잃어버린자(Lost): 예수 그리스도를 따르지(믿지) 않는 사람, 하나님을 따르지 않는 사람.

선교 여행(Mission trip): 나는 이 말을 섬김 여행(serving trip, global serving trip)이라고 명명하는 것을 더 좋아한다.

구원 (구속)받다(Redeemed): 하나님께서 가장 비싼 값(예수님의 죽음)으로 우리를 되사신 것을 말한다.

회개(Repent): 과거의 나의 잘못, 죄 즉 하나님을 법(십계명)을 떠나 있었던 것을 하나님께 아뢰고 용서를 비는 것. 나의 의지와 방식으로부터 돌아서서 하나님의 방식을 따라가는 것.

성화되다(Sanctified): 하나님께서 우리와 함께 동행하심으로 하나님께서 의도하신 모습의 사람으로 되는 것을 말함.

부록 2

예정 그리고 자유의지

　성경 전반에 걸쳐 우리는 하나님의 주권적인 예견과 예정의 실재와 우리에게 있는 자유의지의 실재 사이에 드러나는 갈등을 발견하게 된다. 당신이 이와 같은 긴장과 갈등 구도를 수용하지 못할 경우에 당신은 자유로운 선택(하나님의 의지와 방식에 역행 혹은 순응)을 하는 개인이나 공동체와의 교류가 발생했을 때, 신학의 빈곤이 초래될 뿐 아니라 파괴적인 관행도 피할 수 없게 된다. 하나님은 절대 주권자이시며 그분의 뜻은 모든 것을 물리치고 성취될 것이다. 그러나 사람들이 그분의 뜻과 반대되는 선택을 한다 할지라도 허락하시며 그 선택을 사용하신다. 왜냐하면, 하나님의 원대한 뜻 안에 모든 것이 제자리를 찾게 되기 때문이다. 아래의 표는 하나님의 예정과 우리의 자유의지에 대한 성경 구절을 기록해 둔 것이다.

　그렇다면 우리는 이러한 역설을 어떻게 이해할 것인가? 성경 전반에 걸쳐 나오는 이 역설을 우리로서는 감히 이해할 수 없다. 다만 하나님의 마음에서만 풀어지고 해결되는 미스터리이다. 휴 로스는 한정적인 우리의 3차원적 공간과 1차원적 시간으로 하나님의 계시를 바라보는 것 자체가 잘못된 것이라고 말한다. 시간은 순차적이다. 다시 말해, 시간은 시간표에 따라 한 방향으로만 움직인다. 예를 들면, 당신이 한 시간

후에 무슨 일을 하게 될지 정확한 예측을 하고 있을 경우 당신에게는 선택의 여지가 없다고 말할 수 있다. 달리 말하면, 이미 결정된 일에 대하여 당신은 자유 의지를 발휘할 수 없다는 것을 의미한다. 그러나 당신이 혹시 다른 길을 선택하기로 하는 경우가 생긴다면 한 시간 후 당신에게 어떤 상황이 벌어질지 확실히 알 수 없게 되는 것이다. 이것이 바로 우리가 경험하는 1차원적인 시간의 틀이다. 하지만 당신이 2차원적인 시간의 틀 속에 존재한다면 모든 상황은 달라진다!

만약 하나님께서 2차원적인 시간의 틀 속에 존재하시거나(우리가 알고 있듯이 시간을 따라서 흐르는 것이 아니고 시간이라는 평면 위를 무한대로 확장하실 수 있는), 또는 3차원적인 시간의 틀 속에 존재하신다면, 예정과 자유의지가 같이 공존할 수 있다는 역설이 논리적으로 가능한 것이 된다. "3차원이라는 시간의 영역 혹은 그것과 동등한 개념은(진정한 자유의지를 허용하는) 사람의 선택이라는 행위를 유지하면서도 하나님이 모든 사람의 모든 행동을 사전에 정할 수 있도록 하는 것이다."

남아메리카에서부터 아프리카까지 적도를 따라 시간의 흐름이 이어지는 지구본을 떠올려 보자. 하나님께서는 가로로(위도) 흐르는 시간 속에서 우리의 모든 순간들을 경험하실 수 있는데, 그것은 동시에 북극까지 도달하는 세로의(경도) 시간 위에 놓여진 것이다(이 원리가 바로 하나님께서 동시에 드려지는 20억 인구의 기도를 들으실 수 있는 이유이다. 우리의 기도가 적도를 따라 가로로 흐르는 매 순간 하나님께서는 또 다른 차원에서 세로의 시간

축을 따라 흐르는 매 순간의 경험으로 지경을 확장하실 수 있는 것이다). 3차원적인 시간의 공간 안에서, 하나님은 북극의 한 시간 점에서 모두 하나로 합해지는 세로의 시간축의 매 순간을 느끼시고 경험하시게 된다. 이 '집합성'은 하나님의 시간 안에서 그분이 우주의 역사와 개인의 인생을 통하여 어떤 사건에 영향을 미칠 수 있다는 사실을 암시한다.

예정과 자유의지를 발견할 수 있는 성경구절

예정(P), 자유의지(F), 예정과 자유의지 모두(P&F)

창세기 13:11(F)	이사야 55:6-1(P&F)	고린도전서 4:7(P)
출애굽기 9:16(P)	이사야 56:4(F)	고린도전서 6:19-20(P&F)
출애굽기 33:19(P)	이사야 61:10-62:2(P)	고린도후서 3:4-6(P)
출애굽기 34:24(P)	예레미야 1:4-10(P)	고린도전서 13:9(P)
신명기 10:15(P)	예레미야 8:4-12(F)	갈라디아서 1:1(P)
신명기 30:19(F)	예레미야 17:5-10(P&F)	에베소서 1:4-5(P)
여호수아 11:20(P)	에스겔 18:1-32(F)	에베소서 1:11(P)
여호수아 24:14-27(F)	다니엘 4:4-37(P)	에베소서 2:10(P)
사사기 5:8(F)	호세아 4:4-9(F)	빌립보서 2:12-13(P&F)
사사기 21:25(F)	호세아 5:3-7(P&F)	데살로니가후서 2:7-12(P&F)
열왕기상 12:15(P)	호세아 11:4(P)	데살로니가후서 2:13-15(P&F)
역대하 6:3-6(P)	요엘 2:32(P&F)	데살로니가후서 3:3(P)
욥기 1:21-22(P&F)	마태복음 10:22(P&F)	디모데전서 6:19(F)
욥기 7:15(F)	마태복음 10:28-30(P)	디모데후서 1:9(P)
욥기 9:1-35(P&F)	마태복음 11:25(P)	디모데후서 1:12(P&F)
욥기 23:10-16(P&F)	마태복음 21:21-22(F)	디모데후서 2:19-26(P&F)
욥기 34:4(F)	마태복음 24:24-25(P)	디도서 1:1-3(P)
욥기 36:2(F)	마태복음 24:36(P)	디도서 2:11-14(P)

예정(P), 자유의지(F), 예정과 자유의지 모두(P&F)

욥기 38:36(P&F)	마가복음 13:20-22(P)	히브리서 3:4(P)
시편 14:1-3(F)	누가복음 8:10(P)	히브리서 3:12-14(F)
시편 25:12(P&F)	누가복음 10:42 (F)	히브리서 4:11(F)
시편 31:15(P)	누가복음 12:4-5(P)	히브리서 6:4-12(F)
시편 32:5-11(P&F)	누가복음 18:27(P)	히브리서 6:17-19(P&F)
시편 33:8-22(P&F)	누가복음 22:21-22(P&F)	히브리서 10:14(P)
시편 58:3(P)	누가복음 22:31-34(P)	히브리서 10:35(P&F)
시편 110:1-7(P)	요한복음 6:44-65(P&F)	히브리서 11:25(F)
시편 115:3(P)	요한복음 7:17(F)	히브리서 13:21(P)
시편 119:30(F)	요한복음 8:31-47(P&F)	야고보서 1:13-25(P&F)
시편 119:173(F)	요한복음 10:26-29(P&F)	야고보서 4:7(F)
잠언 1:29-30(F)	요한복음 15:5(P)	야고보서 4:13-17(P)
잠언 8:10-19(F)	요한복음 15:16(P)	베드로전서 1:4-5(P)
잠언 16:4(P)	요한복음 17:6(P&F)	베드로전서 1:15-16(P&F)
잠언 16:9(P&F)	사도행전 2:21(F)	베드로전서 2:21(F)
잠언 21:1(P)	사도행전 4:28(P)	베드로전서 5:5-10(P&F)
잠언 21:3(F)	사도행전 13:48(P&F)	베드로후서 1:10(P&F)
전도서 3:10-17(P&F)	사도행전 17:24-28(P&F)	요한일서 2:5-6(F)
전도서 9:1(P)	로마서 4:11(P)	요한일서 3:9(P)
이사야 1:29(F)	로마서 8:19-33(P)	요한일서 4:7-19(P&F)
이사야 7:15-16(F)	로마서 9:10-26(P)	요한일서 5:18-20(P)
이사야 40:20(F)	로마서 10:12-18(P&F)	유다서 1-4(P&F)
이사야 40:23(P)	로마서 11:7-8(P)	요한계시록 13:8-10(P)
이사야 41:24(P)	로마서 11:25-12:2(P&F)	요한계시록 20:11-15(F)
이사야 46:10(P)	고린도전서 1:2(P)	요한계시록 22:11-17(F)
이사야 55:3(F)	고린도전서 1:26-29(P)	

걸작품을 보다 2
[실전편]

초판발행	2015년 11월26일
지은이	존 버크
옮긴이	데이비드 여
펴낸이, 디자인	레이첼 박
편 집	데이비드 여, 박민희
펴낸곳	
등록번호	도서출판 세상의 빛
주 소	제 379-2012-000032
팩 스	경기도 성남시 수정구 시민로192
	031 759 0723

책값은 뒤표지에 있습니다.
ISBN   979-11-952737-4-4   03200

Printed in Korea